AF391186

VILLE DE CAEN

CONCOURS RÉGIONAL DE 1883

CATALOGUE

DE

L'EXPOSITION DES BEAUX-ARTS

Prix : 0 fr. 75 cent.

CAEN

TYP. F. LE BLANC-HARDEL, LIBRAIRE

RUE FROIDE, 2 ET 4

1883

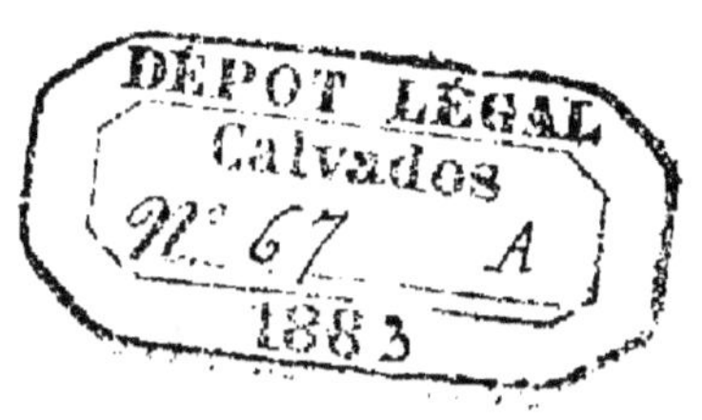

CATALOGUE

DE

L'EXPOSITION DES BEAUX-ARTS

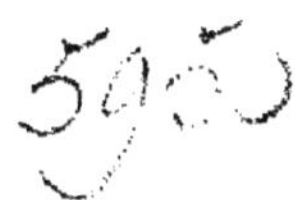

Les chiffres en romain qui suivent les titres des
tableaux ou des objets d'art, indiquent la salle dans
laquelle ils sont exposés.

CONCOURS RÉGIONAL DE 1883

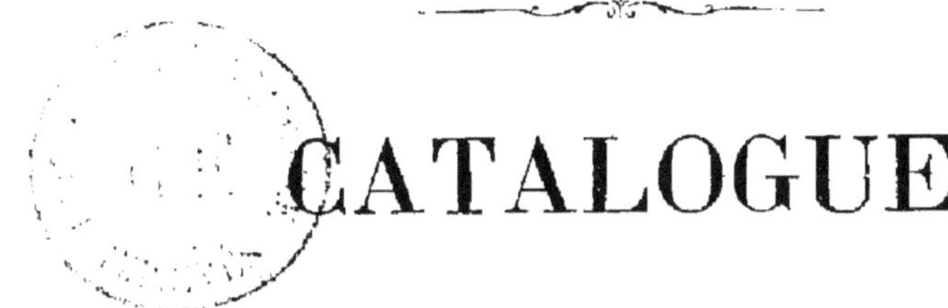

CATALOGUE

DE

L'EXPOSITION DES BEAUX-ARTS

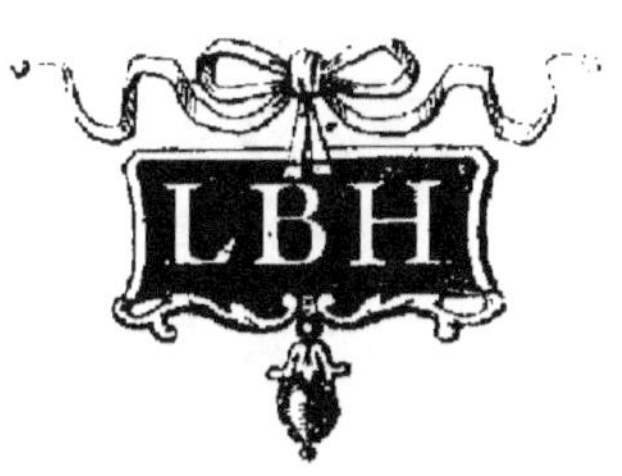

CAEN

TYP. F. LE BLANC-HARDEL, LIBRAIRE

RUE FROIDE, 2 ET 4

1883

VILLE DE CAEN

CONCOURS RÉGIONAL DE 1883

EXPOSITION DES BEAUX-ARTS

SECTION DE L'ART CONTEMPORAIN

RÈGLEMENT

Art. 1er. — Aux termes de la délibération du Conseil municipal de Caen, en date du 18 août 1882, une Exposition d'art contemporain aura lieu à Caen, en 1883, à l'occasion du Concours régional. Elle s'ouvrira le 15 mai et sera close le 15 septembre suivant.

Art. 2. — Cette Exposition sera organisée, sous la direction de l'Administration municipale, par une Commission de dix membres, nommée en partie par cette Administration et par le Conseil municipal et en partie par la Société des Beaux-Arts de Caen.

Art. 3. — Seront admis à l'Exposition de l'art contemporain :

1° Les œuvres des artistes nés dans les sept départements de la région (Eure, Eure-et-Loir, Manche, Orne, Sarthe, Seine-Inférieure et Calvados) ou ayant résidé dans cette région ;

2° Les œuvres des artistes de tout pays relatives à l'histoire, aux personnages, aux coutumes, aux monuments ou aux sites de la Normandie.

Ces œuvres devront appartenir aux catégories ci-après :

Peinture (y compris les dessins, aquarelles, pastels, miniatures, émaux, faïences et porcelaines) ; — **Sculpture et Gravure** en médailles ; — **Gravure** au burin, à l'eau-forte ou sur bois et **Lithographie** ; — **Architecture** ; — **Cartons de vitraux.**

ART. 4. — Les artistes ne pourront pas envoyer à l'Exposition plus de trois ouvrages de chacune des catégories désignées à l'article précédent.

Sera considéré comme ne formant qu'un seul ouvrage tout assemblage d'œuvres placées dans un même cadre.

ART. 5. — Les ouvrages de peinture, de gravure en médailles, de gravure au burin, à l'eau-forte ou sur bois et de lithographie devront être encadrés. Les cadres ronds ou ovales devront être appliqués sur des fonds rectangulaires. La dimension des cadres ne pourra excéder 2^m,50 pour le plus grand côté.

ART. 6. — Les ouvrages envoyés à l'Exposition devront être adressés à M. le Maire de Caen, et les caisses dans lesquelles ils seront expédiés devront porter, indépendamment de cette adresse, la mention suivante : *Exposition de l'art contemporain.* Ces caisses devront se fermer au moyen de vis.

Les frais de transport et de réexpédition seront à la charge de l'Administration municipale. Cette franchise sera accordée à tout artiste à qui aura été adressé nominativement le présent Règlement. Ceux qui enverraient des ouvrages, sans avoir reçu ce Règlement, ne jouiront du même avantage qu'autant que leurs œuvres auront été admises par la Commission.

Les œuvres d'art venant de Paris devront être déposées, avant le 1er avril, chez M. André, emballeur, rue Notre-Dame de Lorette, 58, chargé de les centraliser et de les expédier à Caen. Les tableaux remis à M. André ne devront pas être encaissés, mais les coins des bordures seront garnis de fascines en papier ; les toiles devront être solidement fixées dans leur cadre.

Les ouvrages partant d'ailleurs devront être remis à la gare la plus voisine, l'Administration municipale ne se chargeant que des frais de transport par voie ferrée. Les expéditions seront faites par *petite vitesse*. Lorsque le poids des ouvrages de sculpture dépassera 300 kilogrammes, l'excédant des frais de transport restera à la charge de l'exposant.

Les œuvres d'art envoyées isolément à l'Exposition devront parvenir à Caen le 20 avril, *terme de rigueur*. Toutefois, ce délai est prorogé jusqu'au 1er mai pour les artistes résidant à Caen.

Art. 7. — Chaque ouvrage devra être accompagné d'une notice, indiquant les nom, prénoms, lieu de naissance et domicile de l'auteur, ainsi que le sujet de la composition et le prix exact demandé au cas où l'objet serait à vendre.

Cette notice devra parvenir à l'Administration municipale le 1er mars au plus tard.

Aucun ouvrage ne pourra être retiré avant la clôture définitive de l'Exposition.

Les œuvres exposées seront renvoyées à leurs propriétaires dans les trois semaines qui suivront la clôture de l'Exposition.

Art. 8. — L'Administration municipale ne garantit pas les

risques de route et ne répond, en aucune circonstance, de la rupture des marbres, figures en plâtres et autres objets fragiles.

La Commission surveillera d'ailleurs, avec le plus grand soin, le déballage et le réemballage des objets, et un gardien spécial sera toujours présent dans le local de l'Exposition pendant qu'il sera ouvert au public.

Les objets exposés seront assurés contre l'incendie aux frais de la ville de Caen.

Art. 9. — Un catalogue des objets exposés sera dressé par la Commission et publié aux frais de l'Administration municipale.

Art. 10. — Des récompenses consistant en diplômes d'honneur, médailles d'or, de vermeil, d'argent et de bronze et mentions honorables, seront décernées aux exposants.

Un jury spécial sera constitué à cet effet et se prononcera, par la voie du scrutin, pour la désignation des lauréats.

Les résolutions du jury seront prises à la majorité absolue des suffrages, la voix du président étant prépondérante.

Les artistes qui sont hors concours au Salon de Paris ne pourront recevoir une récompense inférieure à un diplôme d'honneur.

Art. 11. — Un règlement ultérieur déterminera les heures d'ouverture et de fermeture de l'Exposition, ainsi que les prix d'entrée.

Les exposants seront admis librement.

Art. 12. — Une somme de 10,000 fr. a été votée par le Conseil municipal de Caen pour l'achat d'œuvres d'art qui deviendront la propriété de la ville.

Il sera acquis, en outre, un certain nombre des œuvres

exposées pour former une loterie, dont les conditions seront
indiquées ultérieurement.

Art. 13. — Aucune œuvre exposée ne pourra être dessinée,
copiée ou reproduite, sous une forme quelconque, sans l'assen-
timent de l'auteur.

Art. 14. — Toute correspondance relative à l'Exposition de
l'art contemporain devra être adressée à M. le Maire de Caen.

Le Maire de Caen,

MÉRIEL.

Les Membres de la Commission,

> BOURIENNE, conseiller municipal, directeur de l'École
>   de Médecine ;
> CHAUMELIN (Marius), directeur des Douanes ;
> CLÉMENT, directeur de la Banque de France ;
> HELLOUIN, conservateur du Musée ;
> JACQUIER (Ch.), artiste statuaire ;
> LIARD, recteur de l'Académie de Caen,
> LUMIÈRE (H.), vice-président de la Société des Beaux-
>   Arts ;
> TESNIÈRE, vice-président de la Société des Beaux-Arts ;
> TRAVERS (Émile), secrétaire de la Société des Beaux-
>   Arts ;
> VANEL, membre du Conseil d'administration de la
>   Société des Beaux-Arts.

EXPOSITION DE 1883

LOTERIE DES BEAUX-ARTS

*Le produit des billets émis est destiné à l'achat
d'œuvres exposées*

PRIX DU BILLET : **1** FRANC

I.

PEINTURE.

ADAM (ÉDOUARD-MARIE), né à Brie-Comte-Robert (Seine-et-Marne), élève de Durand-Brager. — Au Havre, boulevard François Ier, 51.

1 — *Forte brise*, III.
2 — *Le transatlantique « Labrador », par un mauvais temps*, IV.

ANDRÉ (CHARLES), né à Paris. — A Pont-Aven (Finistère).

3 — *Une rue à Pont-Aven*, III.

ANNALY (Mme), née à Bordeaux (Gironde), élève de M. Pelouze. — A Bordeaux, rue de l'Église-St-Seurin, 14.

4 — *Une ferme en Limousin*, III.
5 — *Ave Printemps*, IV.
6 — *Étude d'automne*, VI.

ANTHONISSEN (LOUIS-JOSEPH), né à Anvers (Belgique), élève de M. Lehmann. — A Paris, avenue du Maine, 137.

7 — *Scène flamande*, IV.
8 — *Les inséparables*, III.
9 — *Un coin d'étable*, IV.

ARONDEL (HENRI), né à St-Malo (Ille-et-Vilaine). — Médaille à St-Brieuc. — A St-Malo, rue St-Vincent, 5.

10 — *Coup de vent sur les bords de la Manche*, V.
11 — *Rade de Granville, soleil couchant*, IV.
12 — *Plage de Cabourg, marée basse*, IV.

AUBRY (NARCISSE-CHARLES-MARIE), né à Yvetot (Seine-Inférieure). élève de Gustave Morin. — A Rouen, rue Jeanne-d'Arc, 56.

13 — *Pichet normand et canard*, III.
14 — *Table de cuisine*, V.

AUTEROCHE (ALFRED), né à Paris, élève de MM. Léon Cogniet et Brascassat. — A Paris, cité Gaillard, 1.

15 — *Le berger et la mer, souvenir de St-Pair (Manche)*, V.
16 — *Herbage, souvenir de la côte de Grâce*, IV.

BACHEREAU (VICTOR), né à Paris, élève de MM. Hébert et Bonnat. — A Paris, rue de Douai, 63.

17 — *La lecture*, VI.
18 — *Conversation*, V.
19 — *Jeune femme*, IV.

BAIL (FRANCK), né à Paris, élève de M. Bail père. — A Bois-le-Roy (Seine-et-Marne).

20 — *Intérieur normand, à Veules-en-Caux*, IV.

BAIL (JEAN-ANTOINE), né à Chasselay (Rhône). — A Bois-le-Roy (Seine-et-Marne).

21 — *Intérieur de tisserand, à Veules-en-Caux*, IV.

BALLOT (JULES), né à Avranches (Manche), élève de M. Louis

Loir. — Médaille à Cherbourg. — A Avranches, boulevard du Sud, 9.

22 — *Le paradis des écureuils, à Plomb, près Avranches*, III.
23 — *Opulence, nature morte*, III.
24 — *Misère, nature morte*, III.

BAUDOT (ALEXANDRE), né à Paris, élève de MM. Defaux et Maillard. — A Caen, hôtel de la Marine.

25 — *Une côte normande, marée basse*, VI.
26 — *Intérieur d'une ferme au printemps*, V.

BAUJAULT (JEAN-BAPTISTE) ✳, né à La Crèche (Deux-Sèvres). Hors concours à Paris (comme statuaire). — A Paris, rue de Vaugirard, 152.

27 — *Vue de Carteret*, IV.

BELLANGÉ (HIPPOLYTE) O ✳, né à Paris, élève de Gros, mort à Paris, le 10 avril 1866.

28 — *Arrivée de la reine d'Angleterre au Tréport (1843)*, V. Composé par H⁺⁺ Bellangé, terminé par Eug. Bellangé.

BELLANGÉ (EUGÈNE), né à Rouen, élève de Hippolyte Bellangé et de Picot. — Médailles à Nantes, Rouen, Lyon, Caen, le Havre, Porto, Boulogne, Londres, Philadelphie et Vienne. — A Paris, rue de Douai, 57.

29 — *La haie du parc*, V.
30 — *Les turcos à Frœschwiller*, III.

BELLÉE (LÉON DE), né à Ploërmel, élève de M. Montfort. — Mention honorable à Paris. — Au Franc-Port, près Compiègne, et à Paris, rue du Colisée, 50.

31 — *Pêcheries dans la mer glaciale ; Hammerfest*, IV.
Appartient à l'État.

32 — *La demoiselle de Fontenailles*, IV.

33 — *La Roche percée, à Port-en-Bessin*, V.

BENASSIT (LOUIS-ÉMILE), né à Londres (Angleterre), élève de
Picot. — A Paris, rue Lepic, 60.

34 — *Chasseurs sous bois*, VI.

35 — *Le rendez-vous*, VI.

Voir Dessins.

BENNER (JEAN), né à Mulhouse (Alsace), élève de Pils. — Hors
concours. — A Paris, boulevard Clichy, 71.

36 — *Fleurs, anémones*, V.

BERCHÈRE (NARCISSE) ✳, né à Étampes (Seine-et-Oise), élève
de Rémond. — Hors concours. — A Paris, rue de Laval, 20.

37 — *Vue d'Orient*, IV.

BERGERAT (Mme ESTELLE), née à Paris. — A Paris, rue Vernier, 12.

38 — *La baratteuse*, III.

BERGERET (PIERRE-DENIS), né à Villeparisis, élève de M. Isabey. — Médailles de 3e et 2e classe à Paris. — A Paris, avenue
Frochot, 4.

39 — *Gerbes des prés*, IV.

40 — *Huîtres*, IV.

BERTHÉLEMY (PIERRE-ÉMILE), né à Rouen, élève de l'École des
Beaux-Arts de Rouen et de M. Léon Cogniet. — Mention honorable à Paris ; médailles à Rouen, le Havre, Caen, Amiens,
Alençon, Porto (Portugal), Montpellier, Périgueux, Boulogne-
sur-Mer. — A Paris, rue Berthe, 13.

41 — *Vue de Grandcamp (Calvados), arrivée des barques de
pêche*, IV.

42 — *Grosse mer déferlant à la pointe du Castel, à St-Aubin-sur-Mer*, V.

43 — *Vue du phare de Gatteville, près Barfleur ; temps d'orage*, VI.

BERTHÉLEMY fils (VALENTIN-ÉMILE), né à Rouen, élève de MM. Gérôme et Émile Berthélemy. — A Paris, rue Berthe, 13.

44 — *Une dentellière, à Bernières-sur-Mer*, VI.

45 — *Dans l'attente*, VI.

BERTHELON (EUGÈNE), né à Paris, élève de MM. Lavieille et Berne-Bellecour. — Mention honorable à Paris ; médailles à Rouen, Chaumont, Montpellier. — A Paris, rue Pigale, 7.

46 — *Grande marée (Tréport)*, V.

47 — *Entrée du port, vue prise près de l'église du Tréport*, V.

Voir Dessins.

BERTON (PAUL-ÉMILE), né à Chartrettes (Seine-et-Marne), élève de MM. Allongé, Delaunay et Puvis de Chavannes. — A Paris, rue Miromesnil, 77.

48 — *Le Havre, vue prise de la falaise de Ste-Adresse*, IV.

BINET (VICTOR-JEAN-BAPTISTE-BARTHÉLEMY), né à Rouen. — Mention honorable et médaille 3ᵉ classe Paris. — A Paris, rue de La Glacière, 48 *bis*.

49 — *L'ondée qui passe, vue prise aux environs de Quillebœuf*, IV.

Appartient à l'État.

BOISLECOMTE (vicomte EDMOND DE), né à Arras (Pas-de-Calais), élève de MM. Rivey et Laurens. — A Montétour, par

Blainville-Crevon (Seine-Inférieure), et à Paris, rue Poncelet, 26.

50 — *Le vieux chasseur normand*, III.
51 — *Tisserand de Veules (Seine-Inférieure)*, IV.

Voir Dessins.

BOIVIN (ÉMILE), né à Ste-Marie-du-Mont (Manche). — A Caen, rue de Geôle, 22.

52 — *Ruisseau sous bois*, VI.
53 — *Nature morte*, VI.
54 — *Nature morte*, VI.

BORDEAUX (Mlle MARIE), née à Prêtreville (Calvados), élève de MMlles Godard et Thévenin. — A Paris, rue des Déchargeurs, 11.

55 — *Étude*, IV.
56 — *Étude*, IV.

BONNEFOY (HENRY), né à Boulogne-sur-Mer, élève de M. L. Cogniet. — Médaille 3e classe à Paris; médailles à Amiens, Angers, Montpellier, Moulins, le Mans, St-Germain-en-Laye et Sidney. — A Paris, rue Fontaine, 42.

57 — *Le Bas-Meudon, le soir (1870)*, III.

BOUDIN (EUGÈNE), né à Honfleur. — Hors concours. — A Paris, place Vintimille, 14.

58 — *Sur la plage*, VI.
59 — *Rotterdam*, IV.
60 — *Marine. Le môle*, IV.
61 — *Entrée d'un port*, V.

BOUGOURD (AUGUSTE), né à Pont-Audemer (Eure), élève de M. Bellel. — Médailles à Rouen et à Caen. — A Pont-Audemer, route de Rouen, 19.

62 — *Le fond du parc*, IV.

BOUGOURD (Mlle CÉCILE), née à Pont-Audemer (Eure), élève de M. Bougourd père. — A Pont-Audemer, route de Rouen, 19.

63 — *Pivoines*, IV.

BOURGEOIS (EUGÈNE), né à Paris. — A Neuilly, rue Péronnet, 41.

64 — *Paysage, soleil couchant*, IV.
65 — *La traverse à Arcy*, V.

BRIELMAN (JACQUES-ALFRED), né à Paris, élève de M. Eug. Lavieille. — Médaille 3e classe Paris. — A Paris, rue de Chabrol, 46.

66 — *Le Pont-Neuf à St-Amand-Montrond (Cher)*, VI.

BRILLOUIN (LOUIS-GEORGES), né à St-Jean-d'Angély (Charente-Inférieure), élève de MM. Drolling et Cabat. — Hors concours. — A Paris, rue Pergolèse, 18.

67 — *L'antichambre*, V.
68 — *Dans les bois de la Bourboule*, VI.

BRIOUX (LIONEL), né à Angers (Maine-et-Loire), élève de MM. J. Pils et E. Lansyer. — Médailles à diverses expositions de province. — A Alençon, rue de Bretagne, 58.

69 — *Rochers de Carolles, près Granville*, V.

Voir Dessins.

BROWN (JOHN-LEWIS) ✳, né à Bordeaux (Gironde). — Hors concours. — A Paris, rue de La Rochefoucauld, 64.

70 — *La halte*, IV.

Voir Dessins.

BURGERS (HENRI-JACQUES) ✳, né à Huisen-en-Gueldre (Pays-Bas). — Hors concours. — A Paris, rue de La Rochefoucauld, 17.

71 — *Le tonnelier de Dixes*, VI.

72 — *Un beau jour de juillet (l'Odon à Caen),* IV.

73 — *Les Commères de l'Odon,* IV.
Voir Dessins.

CALLIAS (HORACE DE), né à Paris. — Mention honorable à Paris. — A Paris, rue Washington, 13.

74 — *La Châsse de sainte Geneviève, église de Saint-Étienne-du-Mont, à Paris,* VI.

CAILLOU (LOUIS), né à Lisieux, élève de MM. Corot et Daubigny. — A Paris, avenue des Ternes, 96.

75 — *Rivière sous bois,* IV.

CANU (PIERRE-ALEXANDRE-ALBERT), né à Yngrande (Allier), élève de M. Dubourg. — A Honfleur, rue des Capucins, 54.

76 — *Tête de chien,* VI.

CARAUD (JOSEPH) ✻, né à Cluny (Saône-et-L.), élève de M. Abel de Pujol. — Hors concours. — A Paris, rue Bochard-de-Saron, 9.

77 — *La lettre,* IV.

78 — *La brodeuse,* VI.

CARBONNIER (PAULIN), né à Paris, élève de MM. Allongé, Lalanne et Harpignies. — A Paris, rue Paradis-Poissonnière, 51.

79 — *Les falaises de Luc,* III.
Voir Dessins et Gravures.

CAROLUS-DURAN (ÉMILE-AUGUSTE) O ✻, né à Lille. — Hors concours. — A Paris, passage Stanislas, 11.

80 — *Giacomella, étude,* VI.

CASSAGNE (ARMAND), né au Landin (Eure). — A Paris, rue du Pac.

81 — *La mare aux grenouilles, forêt de Fontainebleau,* III.
Voir Dessins.

CHALLIÉ (Auguste de).

82 — *Bacchante*, VI.

CHARPENTIER (Édouard), né à Rouen, élève de M. Gustave
Morin. — Médailles à Caen. — A Rouen, rue St-Amand, 4.

83 — *Zinias et Mufliers*, IV.
84 — *En pénitence*, IV.

Voir Dessins.

CHARTON (Édouard), né à Paris, élève de M. Justin Lequien.
— A Louviers, rue au Coq, 13.

85 — *Fruits*, IV.
86 — *Bibelots d'Orient*, VI.

CHÉRON (Olivier), né à Soulangy (Calvados), élève de M. Noël
Desbrosses. — A Paris, boulevard Péreire, 147.

87 — *Ruines de Las-Croux (Haute-Vienne), en novembre*, VI.
88 — *Soulangy (Calvados)*, V.

CHIFFLET (Louis-Paul-Joseph), né à Chartres (Eure-et-Loir),
élève de MM. Marcille et Leblanc. — A Caen, rue aux Namps, 8.

89 — *Saint Augustin et Saint Ambroise*, carton d'une peinture
murale, exécutée à l'église St-Sauveur de Caen, II.

CHRÉTIEN (Auguste-Clément), né à Choisy-le-Roy (Seine),
élève de M. H. Flandrin. — Mention honorable à Paris.
— A Caen, rue de Bayeux, 126.

90 — *Dentellière*, IV.
91 — *Avant le départ, à Grandcamp*, III.
92 — *Portrait de l'auteur*, VI.

CHRÉTIEN (René), né à Choisy-le-Roy (Seine), élève de M. A.-C.
Chrétien. — A Caen, rue de Bayeux, 126.

93 — *Un coin d'atelier*, IV.

CLAIRVAL (Mme THÉRÈSE DE), née à Alger, élève de MM. Signol et Bonnat. — A Paris, rue Bayard, 11.

94 — *Le travail*, III.

CLAVEL (ÉMILE).

95 — *Sur la falaise*, III.

COLIN (PAUL), né à Nîmes (Gard), élève de MM. Colin et J.-P. Laurens. — Médaille 3e classe à Paris, plusieurs médailles en province et à l'étranger. — A Paris, rue Furstenberg, 8.

96 — *Environs de Moscou*, VI.

COLLINET (HENRY-ALEXANDRE), né à Paris. — A Paris, boulevard St-Martin, 5.

97 — *Bateaux, à Neuilly-sur-Seine*, III.

COMBELLE (KARL-ADOLPHE DE), né à Bordeaux (Gironde). — A Paris, quai Montebello, 13.

98 — *Paysage, village de Guernes*, VI.

99 — *Paysage, à Dennemont*, IV.

Appartient à Mme Delpech.

CONIN (Mlle JANE), née à Paris, élève de Mlle B. Formstecher et de M. Carbillet. — Médaille à Châteauroux. — A Paris, rue St-Georges, 47, et à Villons-les-Buissons.

100 — *Anémones*, III.

CORPET (ÉTIENNE), né à Paris, élève de M. Maisiat. — A Paris, rue de Charonne, 158.

101 — *Bouquet de roses*, III.

COSTARD (CHARLES), né à Lisieux, élève de MM. Guillard et Léon Cogniet. — A Verson.

102 — *Vue de Verson, effet de neige*, III.

103 — *Le Haut du coteau, étude,* III.
104 — *La Sente au loup,   id.,*   III.

COURAYE DU PARC (Mlle MARGUERITE), née à Vire, élève de son père. — Au Tot-Annoville (Manche).

105 — *Harengs-saurs, nature morte,* VI.
106 — *La Poule au pot,   id.,   *III.
107 — *Fruits,* III.

COURBET (feu GUSTAVE), né à Ornans (Doubs).

108 — *Paysage, étude de saules,* IV.

Appartient à M. X...

CRENN (ARTHUR), né aux Authieux-sur-Calonne (Calvados), élève de l'École de peinture de Rouen et de M. Ancillotti. — A Rouen, rue de la République, 11.

109 — *Fleurs,* IV.

DAMOYE (PIERRE-EMMANUEL), né à Paris, élève de MM. Corot, Daubigny et Bonnat. — Médaille 3e classe à Paris. — A Paris, rue Fontaine, 37.

110 — *Paysage,* V.

DASTUGUE (MAXIME), né à Castelnau-Magnoac (Hautes-Pyrénées), élève de M. Gérôme. — A Paris, rue Boissonnade, 15.

111 — *Promenade à cheval au bord de la mer,* III.
112 — *Au bord de la mer,* V.

DAUBIGNY (KARL), né à Paris, élève de M. C.-F. Daubigny. — Hors concours. — A Paris, avenue Frochot, 15.

113 — *Marine,* III.

DAUDETEAU (LOUIS-MARIE-RENÉ), né à Fontenay-le-Comte

(Vendée), élève de MM. Busson, Gérôme et Lansyer. — A Paris, rue du Regard, 7.

114 — *Vache bretonne dans la Flandre*, VI.
115 — *Rivière d'Auray*, V.

Voir Dessins.

DAVERNE (JEAN-FRANÇOIS-MICHEL), né à Vimoutiers (Orne), élève de Mlle Godefroid et de M. Charles Bazin. — A Vimoutiers.

116 — *Portrait d'un paysan normand*, VI.
117 — *Portrait de l'auteur*, IV.
118 — *Harengs*, V.
119 — *Une jeune mère*, III.

DAVID (CAMILLE), élève de M. Feyen-Perrin. — A Paris, rue Campagne-Première, 8 *bis*.

120 — *Portrait*, IV.

DAVID (ERNEST), né à Caen. — A Paris, rue Tourlaque, 9.

121 — *A l'abri*, V.

DAWIS (Mlle GERMAINE), née à Paris, élève de M. Rivey. — A Paris, 1, rue Piccini.

122 — *Dame flamande*, III.

DEHAUSSY (Mme ADÈLE), née à Meaux (Seine-et-Marne), élève de M. Jules Dehaussy. — A Paris, rue Lafayette, 111.

123 — *Jeune italienne*, IV.

Voir Dessins.

DEHAUSSY (JULES), né à Péronne, élève de son frère et de T. Fragonard. — Médaille 3e classe à Paris. — A Paris, rue de Lafayette, 111.

124 — *Portrait de Mme X...*, VI.

DEMORY (CHARLES), né à Arras (Pas-de-Calais), élève de l'École des Beaux-Arts et de M. Léon Cogniet. — Médailles à Châteauroux, le Mans, Boulogne-sur-Mer, Amiens, etc. — A Arras, rue Beaufort, 2.

125 — *Pêcheuse de crevettes à Granville*, VI.

DENIS (ALBERT), né à Mehoudin (Orne). — A Flers-de-l'Orne, route de St-Georges.

126 — *Portrait de Mme A. D.*, IV.
127 — *Portrait de M. A. D.*, III.
128 — *Tête d'étude, jeune fille*, IV.

DEROCHE (MARIE).

129 — *Fleurs*, V.

DEROCHE (VICTOR), né à Lyon (Rhône). — Au château de Montigny, par Vernon (Eure).

130 — *Marine, côtes de Normandie*, V.

DESAVARY (CHARLES-PAUL), né à Arras (Pas-de-Calais), élève de MM. Dutilleux et Corot. — A Arras, rue de Turenne, 2.

131 — *Premières fleurs*, III.
132 — *Le mauvais larron*, III.

DESTAPE (LOUIS-ALEXANDRE), né à Paris, élève de MM. Dupré et Bin. — Médaille à Clermont-Ferrand. —A Paris, rue Caroline, 16.

133 — *Plage de Berneval*, IV.

DIÉTERLE (GEORGES), né à Paris, élève de Corot. — Mention honorable à Paris. — A Paris, rue de Bruxelles, 3, et à Fécamp, au Musée.

134 — *Un chemin en Normandie*, VI.

DILIGEON (ALFRED), né à Rouen (Seine-Inférieure), élève de
MM. Morin, Daubigny et Guillemet. — A Rouen, rue du Champ-
du-Pardon, 1.

135 — *Villers*, VI.
136 — *Paysage*, III.
137 — *Pâturages d'Auberville*, V.

DISPANE (OLIVIER), né à Bordeaux (Gironde). — A Bordeaux,
rue de la Prairie, 4.

138 — *Un coin de quai (île Louviers, à Paris)*, III.

DOESNARD (JULES), né à Lisieux, élève de M. Barrias. — A Lisieux, rue de la Chaussée, 25.

139 — *Un coin de cuisine*, III.

DORNOIS (ALBERT), né à Sévigny (Orne), élève de MM. Pelouse
et Lalanne. — Médailles à Versailles et le Mans. — A Paris,
rue de Lille, 50.

140 — *L'Orne à Putanges*, V.
141 — *La bruyère de Montmerrey (Orne)*, V.

Voir Dessins.

DRAMARD (GEORGES DE), né à Gonneville-sur-Dives (Calvados),
élève de Bonnat. — A Paris, rue du Faubourg-St-Honoré, 157.

142 — *Extase de Sainte Thérèse d'Avila*, III.
143 — *Apprêts d'un souper*, IV.
144 — *Le moulin Landry, à Beuzeval*, VI.

DUBOIS (ALBERT), né à Saint-Lo (Manche), élève de M. Jeannin.
— Au château de Saint-Rémy (Manche).

145 — *Nature morte*, III.

DUBOS (Mlle ANGÈLE), née à Laigle (Orne), élève de M. Chaplin.
— Médaille à Caen. — A Paris, rue du Rocher, 56.

146 — *La chanson nouvelle*, III.
147 — *Une frondeuse*, VI.

DUBOURG (ALEXANDRE), né à Honfleur, élève de Léon Cogniet.
— Médailles à diverses expositions de province. — A Honfleur,
rue St-Léonard, 45.

148 — *La rue du couvent*, IV.
149 — *Entrée du port d'Honfleur*, IV.
150 — *Une table de cuisine*, III.

DUCHEMIN (OLIVIER) — A Caen, rue Guillaume-le-Conqué-
rant, 5.

151 — *Les bords de l'Odon*, IV.

DUFEU (ÉDOUARD), né à Marseille (Bouches-du-Rhône). — A
Paris, boulevard de Clichy, 25.

152 — *Marine*, V.

DU PLESSIS (GEORGES), né à Fontainebleau (Seine-et-Marne),
élève de MM. Comte et Barois. — A Lisieux.

153 — *Portrait du docteur N.*, V.
154 — *Étude de négresse, Tanger*, VI.
Voir Dessins.

DUPUY-DELAROCHE, né à Vernaison (Rhône). — Médailles et
prix Bouctot, à Rouen. — A Rouen, rue de l'Écureuil, 14.

155 — *Le dernier ange du Corrège*, VI.
> Le Corrège, sur le point de mourir et entouré de sa famille en pleurs,
> peint l'une de ses petites-filles qui s'est agenouillée pour prier.

DURRANT (EUGÈNE-ÉDOUARD), né à Paris, élève de MM. Couture et Pils. — A Paris, faubourg St-Antoine, 222.

156 — *Au concert*, II.

DUSSIEUX-KELLER (Mme STÉPHANIE), née à Versailles (Seine-et-Oise), élève de M. Charles Monginot. — Mentions honorables à Amiens et à Chaumont; médailles à Versailles.

157 — *Pommier double*, V.

Voir Dessins.

DUTZSCHHOLD (HENRI), né à Paris, élève de MM. Gérôme et Véron — Médaille 3e classe à Paris. — A Paris, rue Barra, 2.

158 — *Paysage*, VI

DUVAL (ALBERT), né à Caen, élève de MM. Gailhard et Jules Dupré. — A Cayeux-sur-Mer (Somme).

159 — *Bords de la Somme*, IV.

DUVERGER (THÉOPHILE-EMMANUEL), né à Bordeaux (Gironde). — Hors concours. — A Écouen (Seine-et-Oise).

160 — *Le travestissement*, V.

ÉDOUARD (ALBERT), né à Caen, élève de MM. Cogniet, Gérôme et Delaunay. — Médaille de 3e classe à Paris. — A Paris, quai St-Michel, 19.

161 — *Thétis se rendant en Thessalie*, V.
162 — *Jeune femme jouant de la mandoline*, VI.

ENTRAYGUES (CHARLES D'), né à Brives, élève de Pils. — A Écouen (Seine-et-Oise).

163 — *Les deux peureuses*, IV.

ÉPINETTE (Mlle), née à Rouen (Seine-Inférieure), élève de Mlle Dubos et de M. Choplin. — A Paris, avenue Bosquet, 43.

164 — *Une triste nouvelle*, III.

EUDES DE GUIMARD (Mlle LOUISE), née à Argentan (Orne), élève de M. Léon Cogniet. — Mention honorable à Paris; médailles à Caen et à diverses expositions de province. — A Auteuil, rue Poussin, 24.

165 — *Une ferme en Normandie*, IV.

FAIVRE (MAXIME), né à Paris, élève de M. Gérôme. — Mention honorable à Paris; médaille à Rouen. — A Paris, rue de Laval, 43.

166 — *Mort de Guillaume le Conquérant*, III.

Blessé, en tombant de cheval, au sac de Mantes, Guillaume le Conquérant mourut le 9 septembre 1087, au monastère de St-Gervais, près de Rouen. « Lorsque ce puissant monarque eut rendu le dernier soupir, ses serviteurs, remarquant la disparition des maîtres, pillèrent les armes, les objets précieux, les vêtements, etc., laissant le corps nu sur le sol; puis ils prirent la fuite, semblables au milan qui s'échappe avec sa proie. » (Orderic Vital, *Hist. ecclés.*)

FEULARD (ALEXANDRE), élève de MM. Gros et Millet. — Médailles au Havre, Caen, Laval, Cherbourg. — Au Havre, rue de Toul, 6.

167 — *Nature morte*, VI.

Voir Dessins.

FEYEN-PERRIN (AUGUSTIN), ✳, né à Bey-sur-Seille (Meurthe-et-Moselle), élève de MM. Cogniet et Yvon. — Hors concours. — A Paris, boulevard de Clichy, 11.

168 — *Rêverie*, III.

FEYEN (EUGÈNE), ✳, né à Bey-sur-Seille (Meurthe-et-Moselle), élève de Paul Delaroche. — Hors concours. — A Paris, rue de Clichy, 88.

169 — *Une pleurse*. VI.
170 — *La famille du pêcheur*, III.

FLÉCHARD (Charles), né à Laval (Mayenne), élève de
M. Rapin. — A Paris, rue Monge, 13.

171 — *Maisons à Veulles-en-Caux*, IV.

FLEURY (Albert), né au Havre (Seine-Inférieure), élève de
MM. Lehman et Galbrund. — Médaille à Niort. — Au Havre,
rue Augustin-Normand, 61.

172 — *L'avant-port du Havre*, VI.
173 — *Une plage*, V.
174 — *Sur la jetée du Havre*, V.

Voir Dessins.

FLEURY (Mlle Aline), née à Rouen, élève de M. Gustave
Morin. — A Rouen, rue Jouvenet, 19.

175 — *Fleurs d'été*, VI.

FLEURY (Mme Fanny), née à Paris, élève de MM. Henner et
Carolus Duran. — Mention honorable à Paris; médaille à
Montpellier. — A Paris, rue Fontaine, 37.

176 — *Le chapeau rouge*, IV.

Voir Dessins.

FLICK (Auguste), né à Metz (Lorraine), élève de M. Meissonnier. — Médailles à Bourges et Dijon. — A Paris, boulevard Pereire-Sud, 255.

177 — *Plage de Pourville, près Dieppe*, IV.
178 — *Chemin sous bois, soir d'automne*, VI.
179 — *Plage d'Étretat, marée montante*, III.

FONTENAY (Alexis de), né à Paris, élève de MM. Vatelet et
Hersent. — Hors concours. — A Paris, quai du Louvre, 8.

180 — *La plage de Honfleur*, IV.

FORGES (JOSEPH), né à Auray (Morbihan), élève de M. Ch. Gosselin. — A Paris, rue de Grenelle, 17.

181 — *Une ferme en Normandie*, V.

FORMIGÉ (Mᴵˡᵉ EMMA), née à Bordeaux (Gironde), élève de MM. Henner et Carolus Duran. — A Paris, rue d'Assas, 124.

182 — *Fruits*, V.

Voir Dessins.

FOUACE (GUILLAUME-ROMAIN), né à Réville (Manche), élève de M. Yvon. — Médailles à Cherbourg, Valognes et Caen. — A Paris, rue Vavin, 18, et à Réville (Manche).

183 — *La dernière fileuse de mon village*, IV.
184 — *Gibier*, III.

FOULONGNE (CHARLES), né à Rouen. — Médaille 3ᵉ classe à Paris. — A Paris, rue du Bac, 83.

185 — *Avant le bain*, V.

Voir Dessins.

FOURNIER (Mᵐᵉ LOUISE), née à Lisieux (Calvados), élève de M. Doesnard. — A Lisieux, rue de la Chaussée, 25.
186 — *Fleurs*, IV.

FRÈRE (CHARLES), né à Paris, élève de Couture et E. Frère. — —Mention honorable à Paris.—A Paris, boulevard de Clichy, 6.

187 — *Une leçon d'équitation*, IV.
188 — *L'automne*, III.

GALBRUND (ALPHONSE-LOUIS), né à Paris, élève de MM. Richomme et de Regnault. — Médaille 3ᵉ classe à Paris. — Au Havre, boulevard de Strasbourg, 162.

189 — *Le déjeuner*, V.
190 — *La bohémienne*, V.

Voir Dessins.

GALERNE (Prosper), né à Patay (Loiret), élève de Durand-
Brager et de M. Rapin. — Médailles à Tours et à Niort. —
A Paris, rue de Bourgogne, 52.

191 — *Prés inondés, à Omonville (Manche)*, IV.
192 — *A Omonville (Idem)*, V.

GARAUD (Gustave), né à Toulon (Var), élève de M. Français. —
Mention honorable à Paris ; plusieurs médailles en province.
— A Paris, rue N.-D.-des-Champs, 117.

193 — *Paysage du Calvados*, IV.

GARCEMENT (Alfred), né à Varzy (Nièvre), élève de MM. Pils et
Hanoteau. — A Paris, rue de Bréa, 23.

194 — *Paysage*, III.

GENTIL (Ulysse), né à Fécamp (Seine-Inférieure), élève de
M. Guillou. — A Concarneau.

195 — *Basse-cour*, III.

GENTY (Emmanuel), né à Dampierre-sur-Boutonne (Charente-
Inférieure), élève de M. Gleyre. — Mention honorable et médaille de 3e classe à Paris ; médailles à diverses expositions
de province. — A Rouen, rue Méridienne, 8.

196 — *Poissons*, VI.
197 — *Combat à outrance*, VI.
198 — *Portrait de l'auteur*, IV.

GÉO-REMY (Mlle Virginie), née à Paris, élève de M. Ch. Chaplin.
— Médaille à Tours. — A Nantes, rue Basse-du-Château, 2.

199 — *Seule!* III.

GEORGES-SAUVAGE (Auguste-Albert), né à Caen, élève de

MM. Gérôme et Lecomte du Nouÿ.—Médaille 3e classe à Paris.
— A Paris, rue de Vaugirard, 152.

200 — *Mort de Gaudry, évêque de Laon, révolution des commu-*
nes en 1112, III.

« Enfin un certain Bernard de Bruyères lui asséna sur la tête un coup de hache à deux tranchants. . . . . . . ensuite le corps dépouillé de tout vêtement, fut poussé dans un coin où chaque bourgeois qui passait par là lui jetait des pierres ou de la boue en accompagnant ces insultes de railleries et de malédictions. » (Augustin Thierry, *Lettres sur l'Histoire de France.*)

201 — *Portrait du docteur Masselin, IV.*

Voir Gravures.

GERBER (Eugène-Louis), né à Paris. — A Paris, rue Lacroix, 6.

202 — *Fleurs et fruits, III.*

GIBERT (Mme Jeanne), née à Paris, élève de M. Gibert. — A Paris, rue Amelot, 114, et à St-Aubin-sur-Mer, rue Tour-de-Ville.

203 — *Portrait de Mlle L. G., V.*
204 — *Une Parisienne, IV.*

GIBERT (Mlle Louise), née à Paris. — A Paris, rue Amelot, 114.

205 — *Portrait de M. G***. VI.*
206 — *Pensées, III.*

GIRARDET (Eugène), né à Paris, élève de M. Gérôme.—A Paris, rue du Général-Foy, 27.

207 — *Une vieille histoire. V.*

GIRARDET (Jules), né à Paris, élève de M. Cabanel. — Médaille 3e classe à Paris; médaille à Montpellier.— A Paris, rue Pergolèse, 12.

208 — *Une arrestation sous la Terreur, VI.*
209 — *Portrait de M. H. M., IV.*

GODEAU (GABRIEL), né à Ernée (Mayenne), élève de J. Noël. — A Carolles (Manche).

210 — *Effet d'hiver à Carolles* (Manche), III.

GODENNE (JULES), né à Gand (Belgique), élève de Devigne et Devy. — Mention honorable à Porto. — A Gand, rue des Baguettes, 66.

211 — *Cap d'Antifer, à Étretat*, III.
212 — *Falaise d'amont, à Étretat*, IV.

GOMONT (MAURICE-AUGUSTIN), né à Rouen (Seine-Inférieure), élève de MM. Desgoffe et Bouguereau. — Médailles à Caen et à Rouen. — A Paris, rue Cherche-Midi, 16.

213 — *La lecture dans l'oratoire*, V.

GONZALÈZ (Mme ÉMILIE, née CONDÉ), née à Paris; élève de M. J.-A. Gonzalèz et de Mlle Lecran. — A Paris, rue Brunel, 18.

214 — *La crèche*, VI.

GOUSSAINCOURT (Mme LOUISE DE), née à Nancy (Meurthe-et-Moselle), élève de M. Maxime Lalanne. — Médaille à Chaumont. — A Nancy, rue de La Ravinelle, 37.

215 — *Sur la falaise, à Auberville*, III.
216 — *Entrée de bois, près Villers-sur-Mer*, IV.
217 — *Géraniums*, III.

GUÉRARD (AMÉDÉE), né à Sens (Yonne), élève de Picot. — Médailles à diverses expositions de province. — A Paris, rue Caulaincourt, 27.

218 — *L'amour maternel*, III.

GUÉRARD (JULES), né à Caen. — A Caen, boulevard St-Pierre, 33.
219 — *Étude d'après nature*, VI.

GUERNIER (Charles), né à St-Malo (Ille-et-Vilaine), élève de
MM. Murciansi et Garneray. — Médailles à St-Brieuc, Naples,
Vitri. — A St-Malo, rue des Lauriers, 7.

220 — *La vague, côtes de Normandie*, III.
221 — *Ruines de l'abbaye de Savigny (Manche)*, VI.

GUÉRY (Armand), né à Reims (Marne), élève de MM. Rapin et
Péraire. — Médaille à Chaumont. — A Paris, rue Alfred-Ste-
vens.

222 — *Un coin de forêt en novembre*, IV.

GUILLEMET (Antoine), ✳, né à Chantilly (Oise). — Hors concours. — A Paris, rue Clauzel, 6.

223 — *La chapelle de St-Vaast-la-Hougue*, V.

HAAG (J.-P.), né à Elbeuf (Eure), élève de M. Frère. — A
Écouen (Seine-et-Oise).

224 — *La poupée*, IV.

HADENGUE (Louis-Michel), né à Paris, élève de M. Bonnat.
— A Paris, rue Bochard-de-Savoie, 9.

225 — *Marché à Touques*, III.

Voir Dessins.

HAYON (Léon), né à Paris, élève de MM. Benouville, Picot et
Pils. — Mention honorable et médaille 3e classe à Paris. — A
Paris, boulevard Berthier, 75, et chez M. Dangleterre fils,
rue Labie, 10.

226 — *Villerville : les baigneurs*, V.

HÉBERT (Jean-Baptiste-Georges), né à Rouen (Seine-Inférieure), élève de MM. Ernest Hébert et Bonnat. — Mention

honorable à Rouen et à Tours; médailles au Havre, Rouen,
Caen, Amiens, St-Germain-en-Laye et Évreux (1880). — A
Maisons-Laffitte (Seine-et-Oise).

227 — *L'esclave blanche*, VI.
228 — *Portrait de l'auteur*, IV.

HÉBERT (PAULIN), élève de M. Dupuis. — A Paris, rue Four-
croy, 4 (Ternes).

229 — *Portrait du père Voisin, de St-Valery-en-Caux*, IV.

HELLOUIN (XÉNOPHON), né à Aunay-sur-Odon (Calvados). —
Médaille à Caen. — A Caen, rue de Geôle, 60.

230 — *Nature morte*, V.
231 — *Portrait*, VI.
232 — *Nature morte*, VI.

Voir Dessins.

HERMANN-LÉON (CHARLES), né au Havre (Seine-Inférieure).
élève de M. Ph. Rousseau. — Hors concours. — A Paris, rue
Duperré, 9.

233 — *Le berger et la mer*, VI.

HOFFMANN (CHARLES), né à Paris, élève de M. Vion. — A Paris,
rue Montgallet, 11.

234 — *Falaises à Fécamp (les sources de Grainval)*, IV.

HUET (Ocellus), né à St-Lo (Manche). — A St-Lo, rue Desprez, 9.

235 — *La redevance du fermier (nature morte)*, V.

HUMBERT (LOUIS), né à Alençon (Orne), élève de M. Jules
Dupré. — Diverses médailles à des expositions de province.—
A Chaumont.

236 — *Étude de chênes*, IV.

HUTIN (CHARLES), né à Paris, élève de M. Léon Legat. —
Médailles à Lyon, Alger, Versailles, Tours, Périgueux,
Boulogne-sur-Mer et Amiens. — A Paris, rue d'Aboukir, 40.

237 — *Un morceau de jambon*. VI.

IWILL (MARIE-JOSEPH), né à Paris, élève de MM. C. Kuwassen
et Lansyer. — Médailles à Boulogne, Châteauroux, Saint-
Germain-en-Laye, Amiens.

238 — *La Seine à Rouen*. VI.
239 — *La plage d'Étretat*, III.
240 — *Les moulières de Villerville*. IV.

JOY (Mlle IDA), née à Otterville (Canada), élève de MM. Tony
Robert-Fleury et Cot. — Médaille à Draguignan. — A Paris,
rue Montyon, 41.

241 — *Un cavalier au moyen âge*, III.

KRUG (ÉDOUARD), né à Drubec (Calvados), élève de M. Léon
Cogniet. — Mentions honorables et médaille 3e classe à
Paris. — A Paris, boulevard de Clichy, 11.

242 — *Symphorose, devant l'Empereur Adrien, refuse d'ab-
jurer*, V.
243 — *L'hésitation*, V.
244 — *Portrait de Mlle K.*, IV.

LALANDE (Mlle LOUISE), née au Mans (Sarthe), élève de
M. Mélin. — Médailles à Amiens, Chaumont, Le Mans,
Caen, Laval et Boulogne-sur-Mer. — A Paris-Passy, bou-
levard Suchet. 47.

245 — *Le bonjour*, IV.

LAMBERT (ALBERT), né à Elbeuf, élève de M. Noury. —A Elbeuf.

246 — *Un coin de mon salon, fleurs*, VI.

LANDELLE (CHARLES) ✳, né à Laval (Mayenne), élève de P. Delaroche. — Hors concours. — A Paris, quai Voltaire, 21.

247 — *Campement de bohémiens*, VI.

LANSYER (EMMANUEL) ✳, né à l'île de Bouin (Vendée), élève de MM. Viollet-le-Duc, Courbet et Harpignies. — Hors concours. — A Paris, quai Bourbon. 29.

248 — *Mer basse à Carolles, près Granville*, IV.
249 — *Pleine mer (en vue du vieux Granville)*, III.
250 — *Bords de la Seine à Rouen (effet de brume)*, III.

LAPLANTE (CHARLES), né à Sèvres (Seine-et-Oise), élève de M. Le Marié des Landelles. — A Paris, avenue de Villiers, 45.

251 — *Mesnilglaize, près Écouché (Orne)*, IV.

LAPOSTOLET (CHARLES), né à Vélars (Côte-d'Or), élève de M. Léon Cogniet. — Hors concours. — A Paris, cité Gaillard, 1.

252 — *La Tamise à Gravesend*, VI.
Appartient à l'État.

LARCHER (ÉMILE-ANDRÉ), né à Paris, élève de MM. Bougereau et Robert-Fleury. — A Paris, rue de la Banque, 20.

253 — *Marchand à Tunis*, V.

LA RENAUDIÈRE (Mᵐᵉ C. DE). — A Paris, rue Vernet, 37 ; et au château de la Herbellière, près Vire (Calvados).

254 — *Nature morte*, V.

LAROCHE (AMAND), né à St-Cyr (Seine-et-Oise), élève de M. Drolling. — A Paris, boulevard de Clichy, 11.

255 — *L'oiseau bleu*, IV.

LA ROCHENOIRE (CH.-JULIEN DE), né au Havre, élève de Troyon et Corot. — A Paris, rue de Provence, 66.

256 — *Pâturage*, III.
257 — *Printemps en Normandie*, IV.
258 — *Chevaux au pâturage*, III.

LASELLAZ (GUSTAVE), né à Paris, élève de Luquien. — A Paris, rue Fontaine, 37.

259 — *Étude d'après nature*, IV.
260 — *Loin de l'école*, IV.

Voir Dessins.

LA TOUCHE (GASTON), né à St-Cloud (Seine), élève de Corot. — Médailles à Boulogne-sur-Mer et à Rouen. — A St-Cloud, rue du Calvaire, 11; et à Champsecret (Orne).

261 — *Canardage, Bellou-en-Houlme (Orne)*, III.

LATOUCHE (LOUIS), né à La Ferté-sous-Jouarre (Seine-et-Marne), élève de Corot. — A Paris, rue Fromentin, 4.

262 — *Plaine de Berck, maison de pêcheurs*, IV.
263 — *La mer à Berck*, IV.
264 — *Marée basse*, III.

LAUGÉE (DÉSIRÉ-FRANÇOIS) ✳, né à Maromme (Seine-Inférieure); élève de M. Picot. — Hors concours. — A Paris, boulevard Lannes, 15 *bis*.

265 — *Les pensées*, VI.
266 — *Tête de travail, étude*, III.

LAUMONIER (LOUIS-CHARLES), né à Caen. — A Caen, rue des Carrières-St-Gilles, 8.

267 — *Consolation*, V.
268 — *Passera*, III.
269 — *Jeu d'oies*, III.

LAUNAY (E.), né à Nantes (Loire-Inférieure). — Au Havre, rue de Caligny, 17.

270 — *Nature morte*, IV.

LAVADOUX (PAUL-FRÉDÉRICK), né à Beauvais (Oise), élève de M. Faustin Bisson. — A Paris, rue du Mont-Cenis, 68.

271 — *Nature morte*, VI.

LAVIEILLE (EUGÈNE-ANTOINE-SAMUEL) ✳, né à Paris, élève de Corot. — Hors concours. — A Paris, rue Bochard-de-Saron, 9.

272 — *Entrée de la forêt de Noré, au Libero (Orne), automne*, VI.
Appartient à l'État.

273 — *Paysage ; matinée d'automne*, III.
Appartient à M. Forlin.

LAYS (JEAN-PIERRE), né à St-Barthélemy-Lestra (Loire), élève de Saint-Jean. — Médailles à diverses expositions de province. — A Lyon, rue Ste-Hélène, 29.

274 — *Rosier cent feuilles*, III.

LÉANDRE (CHARLES), né à Champsecret (Orne), élève de M. Biu. — A Paris, rue Cauchois, 11.

275 — *Les petits chats*, III.
Appartient à M. Morin-Pillière.

276 — *La tricoteuse*, III.
Appartient à M. Bellenger.

LEBEL (EDMOND), né à Amiens (Somme), élève de Léon Cogniet. — Hors concours. — A Rouen, au Musée, rue Thiers.

277 — *Une rue à Belmonte (Italie)*, V.
Voir Dessins.

LEBRUN (FRÉDÉRIC), né à Flers (Orne), élève de M. Carolus Duran. — A Paris, avenue Bugeaud, 9.

278 — *Le repos*, VI.
279 — *Le retour de la fontaine*, IV.

LECESNE (CHARLES-MAURICE), né à Hérouville-St-Clair (Calvados), élève de Bonnat. — A Cherbourg.

280 — *Le canal de Caen à la mer, étude*, III.

LECHEVALIER (PIERRE-TOUSSAINT), né à Valognes (Manche), élève de Horace Vernet et de Picot. — Médailles à Coutances, St-Lo et Caen. — A Caen, rue de Geôle, 29.

281 — *« J'en serai l'année prochaine »*, V.
282 — *Un tonnelier*, VI.

LEDUC (Charles). — A Nantes, rue de la Fosse, 30.

283 — *Fêtes de Cherbourg, 1880*, V.

LEFEBVRE (ERNEST-EUGÈNE), né au Havre (Seine-Inférieure). — Médailles à Castres et à Rouen. — A Rouen, rue Armand-Carrel, 57.

284 — *Les confitures aux prunes*, III.
285 — *Huîtres et conserves*, VI.
286 — *Les reliefs d'un réveillon*, V.

LE GOUT-GÉRARD (FERNAND), né à St-Lo (Manche), élève de MM. Dubois et Canapel. — A Pont-l'Évêque, rue St-Michel.

287 — *Bibelots*, III.
288 — *Tête de chien*, IV.

LEGRAND (JACQUES-THÉODORE), né à St-Pierre-la-Vieille (Calvados), élève de l'école des Beaux-Arts de Caen et de Pils. — A Paris, avenue de Saxe, 39.

289 — *Loin des siens*, VI.
(Et dulces moriens reminiscitur Argos).
290 — *Sentinelle avancée*, IV.
291 — *Fleurs*, IV.

LEJEUNE (EUGÈNE), né à Beaumont-les-Autels (Eure-et-Loir), élève de Paul Delaroche et de Gleyre. — A Paris, rue Boissonnade, 14.

292 — *Au retour des champs*, VI.

LELARGE (LÉONCE, né à Rouen (Seine-Inférieure), élève de Léon Cogniet. — Médaille en Italie; médailles à Rouen et à Rennes. — A Rouen, avenue du Mont-Riboudet, 47.

293 — *Hamlet*, V.
294 — *Ophélie*, V.
295 — *Un coin de plage à Veulettes*, V.

LELARGE (R.), né à Balleroy (Calvados), élève de David d'Angers.—A Boisguillaume, près Rouen.

296 — *L'abreuvoir*, V.

LE MARIÉ DES LANDELLES (ÉMILE), né à Pontorson (Manche), élève de Pelouze. — Mention honorable et médaille 3e classe à Paris; médaille à Caen. — A Paris, rue de Moscou, 41 *bis*.

297 — *Les chênes de Bernay-sur-Orne*, V.

LEMEILLEUR (GEORGES-ALFRED), né à Rouen (Seine-Inférieure), élève de MM. Melotte et Lebel. — A Rouen, boulevard Beauvoisine, 60.

298 — *Le vieux châtaignier de Beziou (environs de Pau)*, V.
299 — *La sente de Malompré, étude*, V.
300 — *Environs de Pau*, VI.

LEMÉNOREL (ERNEST), né à Paris, élève de M. Luminais. — Médaille à Tours. — A Paris, rue des Abbesses, 44, et rue Véron, 31.

301 — *Madame Jarrethout, cantinière-hospitalière des francs-*

tireurs de Paris (Châteaudun ; épisode de la guerre de 1870), V.

« Le 9 octobre, 120 francs-tireurs ayant surpris à Ablès 2 escadrons de cuirassiers blancs et 2 compagnies d'infanterie , les mettent en déroute, font 75 prisonniers et prennent 95 chevaux. Pour conduire cette capture à Châteaudun, les francs-tireurs ne peuvent détacher que peu d'hommes. — Que fait Mme Jarrethout? Elle s'en va, aidée du garde-champêtre, quérir quelques centaines de paysans qui, armés de fusils , de fourches et de faux, se joignent à l'escorte du convoi. » (Extrait du journal *Le Volontaire*)

LE MORE (PAUL), né à Caen, élève de M. Couture. — A Paris, rue de Clichy, 69.

302 — *En forêt*, VI.
303 — *Promenade*, V.
304 — *Course d'obstacles*, VI.

Voir Dessins.

LENFANT (Léon-Philippe), né à Caen. — A Paris, rue de Buci, 25.

305 — *Une petite ferme en Normandie*, IV.

LE PERRIER (Mlle Alice), née au Havre (Seine-Inférieure). — Au Havre, rue Jules-Lecesne, 53.

306 — *Une avenue du parc de Bénouville*, IV.
307 — *Fleurs des champs*, V.
308 — *Chrysanthèmes*, IV.

LE ROUX (Charles-Marie-Guillaume) O ✳, né à Nantes (Seine-Inférieure), élève de Corot. — Hors concours. — A Nantes, rue de l'Héronnière, 6.

309 — *Chemin creux, vue prise dans le Bocage*, IV.
310 — *Terrains marécageux, environs de Carentan*, IV.
311 — *Lande au bord de la mer, dans la Hague*, VI.

LESELLIER (VICTOR-EUGÈNE), né à Mantilly (Orne). — A Caen,
rue des Carrières-St-Gilles, 17.

312 — *Fileuse des environs de Domfront*, V.
313 — *En l'absence du maître*, VI.
314 — *Portrait*, III.

Voir Dessins.

LE SÉNÉCHAL DE KERDRÉORET (Gustave-Édouard), né à
Hennebont (Morbihan), élève de MM. Cot et Vollon. — Mention
honorable et médaille 3e classe à Paris ; médailles à diverses
expositions de province. — A Paris, rue du Cherche-Midi, 15.

315 — *Vallée de la Bresle, au Tréport*, III.

LESPINE (GASTON-PAUL-ÉDOUARD), né à Rouen (Seine-Inférieure), élève de l'Académie de peinture de Rouen et de
M. Morin. — A Rouen, rue Saint-Lo, 7.

316 — *Une évasion*, III.
317 — *Portrait de M. Gaudy, artiste dramatique*, VI.
318 — *Deux panneaux de chasse*, V.

LÉTOURNEAU (LOUIS-ALEXIS), né à Paris, élève de MM. Bouguereau, T. Robert-Fleury et Bin. — A Paris, boulevard Ro-
chechouart, 64.

319 — *Les femmes de Port-en-Bessin à la fontaine*, III.

LE TOURNEUR (CHARLES), né à Bayeux (Calvados), élève de
MM. Bellerose et E. Détaille. — A Paris, place Malesherbes, 9.

320 — *Casque et épée du XVIe siècle*, IV.

LEVAVASSEUR (CYPRIEN-LOUIS-PIERRE-EDMOND), né à Avranches (Manche), élève de son père. — A Avranches, route de
Pontorson.

321 — *Falaises de St-Jean-le-Thomas*, V.

Voir Dessins.

LE VAVASSEUR (Pierre), né à Caen. — A Avranches, route de
Pontorson.

322 — *Intérieur de forge*, IV.
323 — *Le matin au village*, IV.

LÉVEILLÉ (Auguste-Hilaire), né à Joué-du-Bois (Orne), élève
de M. Daubigny. — Mention honorable à Paris (Section de
gravure); médaille à Caen. — A Paris, boulevard du
Montparnasse, 25.

324 — *Les bords de la Seine à Billancourt*, IV.

LIOT (Paul), né à Paris, élève de M. Guillemet. — A Paris, rue
Taitbout, 4.

325 — *Granville*, V.

LONLAY (le marquis Eugène de), né à Argentan (Orne), élève
d'Huber et Lapito. — Médaille à Alençon. — A Argentan.

326 — *Effet de neige*, VI.
327 — *Vue du château de St-Christophe*, IV.
328 — *Effet de lune*, III.
329 — *Lisière d'un bois*, VI.
330 — *Les bords d'un étang*, VI.
331 — *Le manoir*, III.

LORRAIN (Mlle Anna), née à Pont-à-Mousson, élève de M. Lu-
gardon père. — A Dieppe, rue des Cigognes, 8.

332 — *Fleurs*, V.
333 — *Fleurs*, IV.
334 — *Fleurs*, IV.

LOUSTAU (Jacques-Léopold), né à Sarrelouis (Prusse rhé-

nane), de parents français, élève de M. Léon Cogniet. —
Médaille 3e classe à Paris. — A St-Maurice (Seine).

335 — *Une partie de campagne*, IV.
336 — *Du feu, s'il vous plaît*, IV.
337 — *Le poltron*, V.

LOUTREL (V.-J.-B.), né à Rouen, élève de M. Mouilleron. — A
Montmartre, rue des Abbesses, 35.

338 — *La toilette*, IV.
339 — *Mignon et perroquet*, IV.

MAINCENT (GUSTAVE), né à Paris, élève de Pils et Cabasson. —
Mention honorable à Paris. — A Paris, chez Durand Ruel.

340 — *Le moulin*, IV.

MARC (Mlle ÉMÉLIE), née à Mesnil-Panneville (Seine-Inférieure),
élève de MM. A. Cassagne et Ch. Hennequin. — A Rouen, rue
des Bons-Enfants, 99.

341 — *Dans le bois du Cotillet, au Mont-St-Aignan (Seine-Inférieure)*, IV.

MARIE (ÉMILIEN), né à Avranches (Manche), élève de MM. Lan-
glois et Hubert. — Médaille à Saint-Lô. — A Rouen, quai du
Havre, 2 *bis*.

342 — *Bois de la Nafrée (Avranches)*, III.
343 — *Fleurs*, VI
344 — *Pélargoniums*, III.

MARTIN (ALFRED-LOUIS), né à Mauriac (Cantal). — A Paris,
rue Raynouard, 39.

345 — *Vue du château Gaillard, aux Andelys*, III.

MARTIN (GABRIEL), né à Rouen (Seine-Inférieure), élève de

MM. Morin et Cabanel. – Médailles au Havre et à Rouen, 1872.
 – A Rouen, impasse Ste-Marie, 1.

346 – *Fleurs*, V.
347 — *Fleurs*, IV.

Voir Dessins.

MARTIN (FERDINAND-ANTOINE), né au Havre (Seine-Inférieure).
 — Au Havre, rue de la Cité, 3.

348 – *Nature morte*, V.
349 — *Nature morte*, V.
350 — *Paysage : Rivière de Morlaix*, III.

MATHON (ÉMILE-LOUIS), né à Paris, élève de MM. Arbant et
 Daubigny. – A Paris, rue St-Georges, 7.

351 — *Effets de neige*, VI.

MÉRY (ALFRED-ÉMILE), né à Paris, élève de Jean Baucé.
 Médaille 3ᵉ classe à Paris.— A Paris, boulevard de Clichy, 11.

352 — *L'union fait la force*, V.
353 — *Un escalier à Bougival*, VI.

MÉRY (PAUL-AUGUSTE), né à Bougival (Seine-et-Oise), élève de
 son père.—Médaille 3ᵉ classe à Paris.—A Paris, rue Véron, 23.

354 — *L'automne*, III.

MEZZARA (CHARLES), né à Paris, élève de son père. — A Paris,
 quai St-Michel, 19.

355 — *Boutique d'un tailleur à Zalt-Bommel (Hollande)*, VI.

MINET (ÉMILE-LOUIS), né à Rouen (Seine-Inférieure), élève de
 M. Morin. — Médaille à Rouen; mention honorable, à Paris.
 — A Paris, rue de la Chaussée-d'Antin, 23.

356 — *Les foins à St-Aubin (Seine-Inférieure)*, IV.

Appartient à l'État.

357 — *Azalées*, IV.

MORAND (Louis-Édouard-Cénéri), né à Ferrières-la-Verrerie
(Orne), élève de M. Bassot. — Mention honorable à Tours. —
A Ferrières-la-Verrerie.

358 — *Le pré*, V.
359 — *Fin d'automne*, IV.

MORLON (Antoine-Paul-Émile), né à Sully-sur-Loire (Loiret).
— A Paris, rue de l'Orient, 9.

360 — *Les indiscrets*, VI.

MOTTELEY (Georges), né à Caen, élève de MM. Hellouin et
Guay. — A Paris, rue de Gérando, 10.

361 — *La Seine à St-Denis*, VI.
Voir Dessins.

MULOT-DURIVAGE (Émilien), né à Granville (Manche). —
A Changis-Avon, rue St-Jean, 28.

362 — *L'affût, forêt de Fontainebleau*, IV.
363 — *Vallée de Changis*, III.

MURATON (Mᵐᵉ Euphémie), née à Beaugency (Loiret), élève
de M. Muraton. — Médaille 3ᵉ classe à Paris. — A Paris, rue
Duperré, 17.

364 — *Fruits*, V.

NAKKEN (Willhem-Carel), né à La Haye (Hollande), élève de
A.-F. Dona. — Médailles à La Haye, à Amsterdam et à Philadelphie. — A La Haye, rue Huygensstract, 22.

365 — *L'entrée du chantier à Pont-Audemer*, VI.
366 — *Chevaux normands à l'entrée de l'écurie*, VI.
367 — *Paysage à Tancarville*, III.

NAVIER (Gabriel), né à Paris, élève d'Ary Scheffer et Signol.
— A Paris, rue Chaptal, 7.

368 — *Intérieur*, VI.

NICOLAS (Mme MARIE-JOSÉPHINE), née à Villers-Cotterets (Aisne), élève de M. Chaplin. — A Paris, rue d'Aumale, 13 *bis*.

369 — *Mendiant*, VI.
370 — *Scène d'intérieur*, VI.

NICOLLE (ÉMILE-FRÉDÉRIC), né à Rouen (Seine-Inférieure), élève de M. Émile Bérat. — Médailles au Mans, à Melbourne, et à Rouen. — A Rouen, rue St-Nicaise, 36.

371 — *Les hêtres de Barville, près Cany*, VI.

PAGÈS (ALFRED), né à Clermont (Hérault), élève de M. Cabanel. — A Paris, place de la Sorbonne, 1.

372 — *Les dernières peines canoniques*, VI.

> Ordonnance de M. de Harlai, évêque de Lodève, portant que toute personne du sexe, fille ou veuve, qui sera reconnue enceinte, ne pourra être mariée qu'après s'être tenue à genoux, un cierge à la main, à la porte de l'église, pendant la messe paroissiale, pour y réparer le scandale de sa faute, et que si son complice se présente pour l'épouser, il subisse la même peine.

PAPON (ERNEST). — A Évreux, Grande-Rue, 22.

373 — *Bords de la Seine*, V.
374 — *Environs d'Évreux*, IV.

PELLICOT (ANDRÉ-EUGÈNE), né à Elbeuf (Seine-Inférieure), élève de M. Gustave Morin. — A Rouen, rampe Beauvoisine, 2.

375 — *Nature morte*, VI.

PERRICHON (GEORGES), né à Paris. — Médaille à Versailles. — A Passy, rue de la Pompe, 56.

376 — *Le port de Granville, vue prise de la roche du fort Gauthier*, VI.
377 — *Un moulin sur le Bosq*, III.

PERRIGNON DE FRÉNOY (Mme ALINE, née à Hornu (Belgique),
élève de M. de Mol. — Mention honorable à Paris; médaille
à Lille. — A Bruxelles, rue Godecharle, 31.

378 — *Pommes*, III.

Voir Dessins.

PERRODIN (F.-AUGUSTE), né à Bourg (Ain), élève de M. H
Flandrin. — A Paris, rue du Cherche-Midi, 55.

379 — *Le Christ et les Évangélistes, esquisse d'une peinture
murale*, V.
380 — *Coupole de l'église Notre-Dame de Caen*, I.

PÉTIN (CONSTANT), né à Montsecret (Orne). — A Flers, cour
Delaunay.

381 — *Poires et châtaignes, nature morte*, III.

PETIVILLE (HENRI DE), né à St-Sever (Calvados), élève de
MM. Carolus Duran et Damoye. — A Paris, rue d'Assas, 90.

382 — *Paysage d'automne, mare*, VI.
383 — *La forêt de St-Sever*, IV.

Voir Dessins.

PEZANT (AYMAR), né à Bayeux (Calvados), élève de M. de
Vuillefroy. — Mention honorable à Paris. — A Paris, place
Dancourt, 10.

384 — *Vaches à l'abreuvoir*, VI.

PHILIPSEN (VICTOR), né à La Rochelle (Charente-Inférieure),
élève de MM. Berry et E. Pinet. — Médaille à Niort. — A Lyon,
rue de la Part-Dieu, 84.

385 — *La pêche aux harengs*, III.
386 — *Marée basse*, III.

PINÇON (Mlle). — A Caen, place de la République, 47.

387 — *Zaïre, fille de Lusignan*, IV.
388 — *Yvonne, bretonne du Finistère*, V.
389 — *Les longs rochers, à Fontainebleau*, V.

PINEL DE GRANDCHAMP (Louis-Émile), né à Paris, élève de Picot. — A Paris, rue Pergolèse, 48.

390 — *Jeux chinois*, VI.

PINEL-MAISONNEUVE (Georges), né à Paris, élève de MM. G. Boulanger et Jules Lefebvre. — A Avranches, boulevard du Sud, 50.

391 — *Entrée de Barbizon*, IV.

Voir Dessins.

PODESTA (Marie-Louise), née à Bordeaux (Gironde), élève de M. Foulard. — Au Havre, rue St-Quentin, 63.

392 — *Fruits*, III.

POIRIER (Paul-Théodore), né à Paris. — Médaille à Versailles. — A Paris, rue Ramey, 38.

393 — *Fleurs de mai*. V.

PORTIER (Mme Victorine, née Heuzé), née à Rouen, élève de Mme Voitellier. — A Elbeuf, rue Magenta, 7.

394 — *Un coin de cuisine*, IV.
395 — *Roses et accessoires*, IV.

PRADELLES (Hippolyte), né à Strasbourg (Alsace), élève de MM. Guérin et G. Brion. — Mention à Avignon; médailles à La Rochelle et à Montpellier. — A Bordeaux, rue des Trois-Conils, 45.

396 — *Parc à moutons à Dedonne (Charente-Inférieure)*, IV.
397 — *Église d'Hendaye (Basses-Pyrénées)*, IV.

PRIOU (Mme MARIE, née MARGUERY), née au Mesnil-Hubert
(Orne). — A Paris, rue Clauzel, 10.

398 — *Un vieux chemin en Normandie*, IV.

QUESNEL (ALBERT), né à Lisieux (Calvados), élève de
M. Doesnard. — A Lisieux, boulevard de Pont-l'Évêque.

399 — *Nature morte*, IV.

RABEL (GUSTAVE), né à Rouen (Seine-Inférieure), élève de
M. Malençon. — A Rouen, route du Mont-aux-Malades, 1.

400 — *La rentrée des galères*, V.
401 — *Le calme sous la ligne*, III.

Voir Dessins.

RACINE (ADRIEN), né à Livarot (Calvados, élève de MM. Bonnat
et Giacomotti. — A Paris, rue de Bréda, 15.

402 — *Tête de vieillard*, étude, V.
403 — *Portrait de Mme A. R.*, V.

RAME (JULES), né à Ouézy (Calvados), élève de MM. Guillard et
Hellouin. — A Ouézy.

404 — *La lessiveuse*, V.
405 — *Le dimanche, l'après-midi*, III.
406 — *La dentellière*, VI.

Voir Dessins.

RAPIN (ALEXANDRE), né à Noroy-le-Bourg (Haute-Saône),
élève de MM. Gérôme et Français. — Hors concours. — A Paris,
rue de Bourgogne, 52.

407 — *L'attente*, IV.
408 — *La roche aux mouettes*, III.

RASTOUX (Jules), né à Nîmes (Gard). — Médailles à Nîmes et Avignon. — A Nîmes, rue de l'Écluse, 12.

409 — *Paysage près du Vidourle*, VI.

Voir Dessins.

RAVENEL (Jules), né à Caen, élève de M. Julien. — Médaille à Caen. — A Falaise, rue des Maisons-Blanches, 2.

410 — *Fruits*, V.
411 — *Fleurs*, VI.
412 — *Fleurs*, V.

RENAULT DES GRAVIERS (Victor), né à Fontenay-le-Fleury (Seine-et-Oise), élève de Paul Delaroche et Wathmuth. — Médailles à Dijon et Montpellier.—A Versailles, rue de l'Abbé-de-l'Épée, 3.

413 — *La tonte des moutons en Beauce*, VI.

RIVEY (Arsène), né à Caen, élève de M. Bonnat. — Médaille 3e classe à Paris : médailles à Caen et Rouen. — A Paris, rue Bochard-de-Saron, 9.

414 — *Après le bain*, IV.

RIXENS (Jean-André), né à St-Gaudens (Haute-Garonne), élève de Gérôme. — Hors concours. — A Paris, rue du Cherche-Midi, 102.

415 — *Étude de vague*, III.

ROBINET (Paul), né au Magny-Vernois (Haute-Saône), élève de M. Meissonnier. — A Paris, rue Claude-Bernard, 39.

416 — *Attelage de bœufs dans les neiges*, IV.

ROBERT (Charlemagne), né à Corbeil (Seine-et-Marne), élève de Picot. — A Neuilly, rue d'Orléans, 28.

417 — *A La Saussaye (Eure)*, IV.

ROBIQUET (Mlle MARIE-AIMÉE), née à Avranches (Manche),
   élève de M. Félix Barrias. — Mention honorable à Paris. —
   A Paris, avenue de Villiers, 72.

418 — *L'été de 1882*, VI.

ROLL (ALFRED-PHILIPPE), né à Paris, élève de MM. Gérôme et
   Bonnat. — Hors concours. — A Paris, rue Brémontier, 53.

419 — *Le père Evrard*, IV.
420 — *Étude de bœufs*, VI.

ROULLET (GASTON), né à Ars (île de Ré). — Médailles à Amiens
   et Boulogne-sur-Mer. — A Paris, rue de Lille, 34.

421 — *Entrée du port de Fécamp*, III.
422 — *Un port normand, effet de lune*, V.

ROSSERT (PAUL), né à Lannoy (Nord), élève de M. Carolus
   Duran. — A Paris, rue Notre-Dame-des-Champs, 53.

423 — *« A Marlotte, »* III.
424 — *Dans les champs*, III.

ROY (Mme MARIE, née JOURJOU), née à Rennes (Ille-et-Vilaine),
   élève de M. Jourjou. — A Rennes, rue Chalais, 1.

425 — *Ronflo*, III.
426 — *Chicano*, V.

SAÏN (Paul), né à Avignon (Vaucluse), élève de MM. Guilbert-
   d'Anelle et Gérôme. — Médailles à diverses expositions de province. — A Paris, rue du Dragon, 33.

427 — *Cabane de bûcherons aux environs de Villers-Bocage*, IV.
428 — *Le Havre, vue prise de Ste-Adresse*, III.
429 — *L'étang, environs d'Alençon*, III.

SAINT-RÉMY (comte ROBERT DE), né à Sérigny (Orne), élève
de MM. Juan et Lionel Brioux. — Au Mans, rue des Gladia-
teurs, 2.

430 — *Le retour au village*, VI.

SALLÉ (PIERRE), né à Bordeaux (Gironde), élève d'A. Flandrin.
— Médailles aux expositions internationales de Londres et de
Lyon. — A Lyon, rue Terme, 14.

431 — *Les vignerons au pressoir à Jujurieux (Ain)*, IV.

SALLES (JULES), né à Nîmes (Gard), élève de P. Delaroche. — A
Paris, rue Blanche, 44.

432 — *Fienarolla*, IV.

SALLES-WAGNER (Mme ADÉLAÏDE), née à Dresde (Saxe), élève
de M. Léon Cogniet. — A Paris, rue Blanche, 44.

433 — *Bretonne en prière*, III.

SARABEN (LOUIS-ALEXIS), né au Havre (Seine-Inférieure),
élève de MM. J. Pils et Lhuillier. — Prix au concours Troyon.
— Au Havre, rue d'Estimauville, 17

434 — *Paysage*, IV.

                                        Voir Dessins.

SAUZEAU (JULES-HUBERT), né à Prahecq (Deux-Sèvres). — A
Paris, rue Campagne-Première, 3.

435 — *Le passeur (marais vendéen)*, 6.
436 — *Vanitas vanitatum (souvenir d'Espagne)*, IV.

SERRES (ANTONY), né à Bordeaux (Gironde). — A Enghien-St-
Gratien (Seine-et-Oise).

437 — *Italienne*, IV.
438 — *La sortie de l'école*, V.

SEVESTRE (Jules-Marie), né à Breteuil (Eure), élève de Léon Cogniet. — Mention honorable à Paris. — A Paris, rue de Chabrol, 18.

439 — *Nymphe chasseresse*, VI.

Appartient à l'État.

TATTEGRAIN (Francis), né à Péronne (Somme), élève de MM. Jules Lefebvre et Lepic. — Hors concours. — A Paris, rue de Douai, 61.

440 — *Grande marée d'octobre*, VI.
441 — *Atelier en plein air*, V.

TESNIÈRE (Victor-Théophile), né au Havre (Seine-Inférieure). — Médailles à Alençon, Isigny, Caen, et St-Lo. — A Caen, rue Jean-Romain, 11.

442 — *Caen disparu, le lavoir des Petits-Murs*, III.
443 — *A l'embouchure de l'Orne*, VI
444 — *Effet du matin, plage de Lion-sur-Mer*, IV.

TEYSSONNIÈRES (Pierre), né à Alby (Tarn), élève de M. François Teyssonnières. — Mention honorable et médaille de 3e classe à Paris. — A Paris, rue des Martyrs, 40.

445 — *Les roches de Goa, à Vernet-les-Bains*, IV.
446 — *La butte des Clines, Normandie*, III.
447 — *Le travailleur*, IV.

THOUIN (Alexandre-Adolphe-Angel), né à Alençon (Orne). — Mention honorable à Caen et médaille à Alençon. — A Argentan, rue Henri IV.

448 — *Hippocrate*, IV.
449 — *Portrait de M. P.*, IV.

TRUGARD (Jules-Eugène), né à Rouen (Seine-Inférieure). —
A Rouen, rue Eau-de-Robec, 133.

450 — *Vue de Rouen*, IV.
451 — *Un matin au bord de la mer*, IV.
452 — *Effet de nuit*, IV.

TURBERT (Anatole-Ernest), né à Luc (Calvados), élève de
M. Guillard. — A Dieppe.

453 — *Fleurs et fruits*, VI.

TURLIN (Henri-Jean), né à Paris. — A Ville-d'Avray, rue de
Sèvres, 3.

454 — *Fleurs d'automne*, VI.

VALETTE (René-Pierre-Louis-Gaston), né à St-Lo (Manche),
élève de M. de Penne. — Médaille à une exposition de province. — A Marlotte, par Bourron (Seine-et-Marne).

455 — *Un relais*, IV.

VALLOIS (Paul), né à Rouen (Seine-Inférieure), élève de
MM. Bonnet et Rivey. — A Paris, avenue Velasquez, 2.

456 — *Paysage*. V.

VANEL (Gabriel), né à Gaillac (Tarn). — A Caen, rue de
Bayeux, 55.

457 — *Marée basse à Lion-sur-Mer*, IV.
458 — *Brick goëlette danois dans le bassin de Caen*, IV.
459 — *La brèche d'Hermanville*, VI.

VAN HOLLEBEKE (Alphonse-Antoine), né à Beauvais (Oise).
— A St-Lucien-les-Beauvais.

460 — *Palais de mes pères en Normandie*. III.

VAUTIER (Laurent-Octave), né à Torigny-sur-Vire (Manche).
— A St-Lô, rue Dame-Denise, 9.

461 — *Huîtres et vin blanc*, IV.

VEILLON (René-M.-J.), né à Mortagne, élève de MM. Veillon,
P. Saïn et Chevallier. — A Caen, au Lycée.

462 — *Une vue de la Sarthe*, VI.

VERDIER (François-Émile), né à St-Hilaire-sur-Yères, élève de
MM. de Galambert et Cabanel. — A Nantes, rue du Calvaire, 13.

463 — *Chrysanthèmes et grenades*, III.
464 — *Un mauvais quart d'heure*, III.

VERGÉSES (J.-B.-Hippolyte de), né à Issoire (Puy-de-Dôme),
élève de M. Carolus Duran. — A Paris, rue Lamartine, 54.

465 — *Après la lecture du Gil-Blas*, VI.
466 — *Chez une artiste*, VI.

VERNIER (Émile), né à Lons-le-Saulnier (Jura). — Hors concours. — A Paris, boulevard de Clichy, 6.

467 — *Village au bord de la mer*, IV.

VERRIER (Léon), à Préaux, par Darnetal (Seine-Inférieure).

468 — *Une poulinière*, IV.
469 — *Le départ*, IV.

VIELHESCAZES (Mlle Marie-Sophie), née à Boiscommun
(Loiret), élève de MM. Ginoux, Tony Robert Fleury et Cot.—
A Saint-Nazaire-du-Var.

470 — *Entre deux valses*, III.

VUAGNAT (François), né à Genève (Suisse), élève de

MM. Diday et Humbert. — Médailles à Sidney-Melbourne; diplôme d'honneur à Bourges. — A Paris, rue de Vintimille.

471 — *Pacage près Deauville*, VI.

VIELLE (GASTON-ARSÈNE-BERNARD), né à Aunay-sur-Odon (Calvados). — A Villers-Bocage.

472 — *Plage à mer basse*, VI.

VILLAIN (GEORGES), né à Paris, élève de son père. — A Paris, rue d'Amsterdam, 59.

473 — *Marine*, IV.

Voir Dessins.

VILLEBESSEYX (GUSTAVE), né à Paris, élève de MM. Lefuel et Ph. Rousseau. — Mention honorable à Paris. — A Paris, rue Fontaine-St-Georges, 40.

474 — *Saulée à Requigny (Eure)*, IV.

VOGRER (P.).

475 — *Paysage*, III.

VOS (HENRI-MARTIN), né à Amsterdam (Hollande), élève de MM. Bonnat et Cormon. — A Paris, rue Constance, 11.

476 — *Après le déjeuner*, V.

VUILLEFROY (FÉLIX DE), né à Paris, élève de MM. Hébert et Bonnat. — Hors concours. — A Paris, rue Andrieux, 3.

477 — *Vaches au pâturage*, VI.
478 — *Le marché aux chevaux*, V.

WEISSE (LÉON), né à Metz (Lorraine), élève de M. Rapin. — A Paris, place de Rennes, 6.

479 — *Inondations dans la plaine d'Issy (environs de Paris)*, IV.

WILLIAMS (Frédéric-D.), né à Boston (États-Unis). — Médaille
à Amiens et en Amérique. — A Paris, rue de Fleurus, 35 *bis*.

480 — *Un petit chemin à Ste-Marguerite-sur-Mer*, V.

WUHRER (Louis), né à Paris, élève de M. Gaston Roullet. — A
Paris, rue de l'Abbé-de-l'Épée, 4.

481 — *Marée basse à Granville*, IV.
482 — *Sur la plage St-Aubin*, VI.

ZETTERSTROM (Mme N.), née à Gèfle (Suède), élève de l'école
des Beaux-Arts de Stockholm. — A Paris, rue de la Pépi-
nière, 9.

483 — *Charlotte Corday devant le tribunal révolutionnaire*, III.

ZOOGGER.
484 — *Étude*, IV.

II.

DESSINS, CARTONS, AQUARELLES, PASTELS, MINIATURES, VITRAUX, ÉMAUX, PORCELAINES, FAÏENCES.

AMBROISE (JULES-FRANÇOIS-ACHILLE), né à Paris, élève de M. Harpignies. — A Paris, rue Mazarine, 28.

485 — *La mare aux Fées, aquarelle*, II.

486 — *Un coin de la forêt de Fontainebleau, aquarelle*, II.

ASTOUD-TROLLEY (feu Mᵐᵉ LOUISE), née à Paris, décédée à Caen en 1883.

487 — *Deux planches d'éventails, aquarelle*, II.

Voir Sculpture.

BARCQ (Mˡˡᵉ FRANÇOISE-ANAÏS), née à Rouen (Seine-Inférieure). — A Rouen, rue Duloug, 10.

488 — *Les quatre Évangélistes, d'après le Missel de François Iᵉʳ, appartenant à la Bibliothèque de Rouen, aquarelle et gouache*, II.

489 — *Bouquet de roses, id.*, II.

BASSERIE (Mlle JEANNE-MARIE-PAULINE-FRANÇOISE), née à
Guingamp (Côtes-du-Nord), élève de Mlle Valentine Basserie.
— Au Mans, rue de Flore, 12.

490 — *Faïence décorative*, I.

BASSERIE (Mlle VALENTINE-CLOTHILDE), née à Fontenay-le-
Comte (Vendée), élève de Mlle Houdan et de M. Le Petit. —
Au Mans, rue de Flore, 12.

491 — *Un zouave mangeant la soupe, d'après J. Pils, porcelaine*, II.
492 — *Tête d'ange, étude d'après Prud'hon, id.*, II.
493 — *Blanche de Castille, reine de France, surnommée
l'Amour des Pauvres, d'après Moreau de Tours, id.*, II.

BAZIRE (ÉMILE-MARIE-VICTOR), né à St-Hilaire-du-Harcouet
(Manche), élève de M. Charles Fouqué. — A St-Hilaire-du-
Harcouet, rue des Halles.

494 — *Bords de rivière, dessin à la plume*, II.
495 — *Étude de pommiers, id.*, II.
496 — *Le bord du bois de Maudouët, près St-Hilaire-du-
Harcouet, id.*, II.

BAZIN (EUGÈNE), né à Neufchâtel (Seine-Inférieure), élève de
l'Académie de peinture de Rouën. — Médaille à Versailles. —
Au Chesnay, rue du Sud, 2.

497 — *Le temps détruit tout, coupe en faïence*, I.

BENASSIT (LOUIS-ÉMILE), né à Londres, élève de Picot. — A
Paris, rue Lepic, 60.

498 — *Dragons en reconnaissance, aquarelle*, II.

Voir Peinture.

BERCHÈRE (Narcisse) ✳, né à Étampes , élève de Rémond. —
Hors concours. — A Paris, rue Laval, 20.

499 — *Village de Senocirès, aquarelle*, II.

Voir Peinture.

BERNAMONT (Mlle Clarisse), née à Châtillon-sous-Bagneux
(Seine), élève de M. Leloir. — A Paris, rue du Cherche-Midi,
4 *ter*.

500 — *Vieille rue de Rouen, d'après Isabey, aquarelle*, III.
501 — *Un pêcheur à Vaucottes (Seine-Inférieure), id.*, II.
502 — *Un coin de ferme à Vaucottes, id.*, II.

BERTAUX (Henry), élève de M. Roullet. — A Paris, rue St-
Jacques, 179.

503 — *Coup de mer sur les côtes normandes, faïence grand
feu*, II.
504 — *Une rue à Mamers, faïence grand feu*, II.

BEUSCHER (Aimable), né à St-Malo (Ille-et-Vilaine). — Au
Havre, boulevard de Strasbourg, 128.

505 — *Portrait de Mme la comtesse de P., fusain*, II.
506 — *Portrait de Mlle Brack, de la Comédie française, id.*, II.

BIDAULT (Émile), né à Avallon (Yonne), élève de Gleyre. —
A Paris, chez M. Dangleterre, rue de Seine, 42.

507 — *Portrait de jeune fille, aquarelle*, II.
508 — *Le moulin, aquarelle*, II.

BIDAULT (Mlle Lucie), née à St-Aubin-sur-Yonne (Yonne), élève de Mme de Chatillon et de M. Brielmann. — A Paris, rue Vernier, 30.

509 - *Cavalier, d'après Franz Hals, faïence*, II.
510 — *Amour aiguisant sa flèche, porcelaine*, VI.

BILLIARD.

511 — *Paysage, aquarelle*, II.

BLOUET (Mlle LÉONTINE), née à Lille (Nord), élève de Mme Dumoutier.—Mention honorable à Bourges.—A Bourges, rue St-Médard, 36.

512 — *Un enlèvement de mineur, porcelaine*, II.
513 — *Une sainte famille, id.*, II.

BOETZEL (ERNEST) ✳, né à Saar-Union (Alsace), élève de M. Feyen-Perrin. — Hors concours.— A Paris, boulevard de Clichy, 11.

514 — *Portrait de Gambetta, fusain*, II.

BOIRLEAU (Mlle MARIE), née à Limoges (Haute-Vienne), élève de Mmes Baraton et Dalpayrat.—A Limoges, route de Lyon, 13.

515 — *La bohémienne, porcelaine*, II.
516 — *Portrait de M***, id.*, II.

BONNEL DE LONGCHAMP (Mme CALIXTE, née LE DUC), née à Paris, élève de Mme de Cool. — A Paris, rue du Pré-aux-Clercs, 4.

517 — *Chimères, émail*, VI.
518 — *Mendiant d'après Callot, émail*, VI.
519 — *Jeune femme peignant, porcelaine*, II.

BOISLECOMTE (vicomte EDMOND DE), né à Arras (Pas-de-Calais),
élève de MM. J.-P. Laurens et Rivey. — A Mondétour (Seine-
Inférieure).

520 — *Paysage, aquarelle*, H.

Voir Peinture.

BOSS (EUGÈNE-PIERRE-VICTOR). — A Caen, rue Leroy, 5.

521 — *Nature morte, dessin à la plume*, H.
522 — *Le combat, id.*, H.
523 — *Le retour du vaincu, id.*, H.

Voir Gravure.

BOUGOURD (AUGUSTE), né à Pont-Audemer (Eure), élève de
M. Bellel. — Médailles à Rouen et à Caen. — A Pont-Audemer,
route de Rouen, 19.

524 — *Ruines de l'abbaye de Jumièges, suite d'aquarelles*, H.

Voir Peinture.

BOULAY (Mme ÉLISE), née à Châteaudun, élève de Mme de Cool
—Médaille à Caen et mention honorable à Orléans — A Paris,
rue Montorgueil, 76.

525 — *La Sainte Vierge et l'Enfant Jésus, porcelaine*, H.
526 — *Le Passage du gué, d'après Bouguereau, id.*, H.
527 — *Les Saintes Femmes au tombeau, faïence*, H.

BRIOUX (LIONEL), né à Angers (Maine-et-Loire), élève de MM. J.
Pils et E. Lansyer. — Médailles à diverses expositions de province. — A Alençon, rue de Bretagne, 58.

528 — *Les bords de la Briante, fusain*, H.

Voir Peinture.

BROWN (JOHN LEWIS) ✳, né à Bordeaux (Gironde). — Hors
concours. — A Paris, rue de La Rochefoucauld, 64.

529 — *La halte, aquarelle*, H.

Voir Peinture.

BURES (Mme EMILY), née à Paris, élève de M. Le Petit. — A Caen, boulevard St-Pierre, 80.

530 — *Jardinière , potiches , plats , décors chinois et vieux Rouen*, II.

BURGERS (HENRI-JACQUES) ✳, né à Huisen-en-Gueldre (Pays-Bas). — Hors concours. — A Paris, rue de La Rochefoucauld, 17.

531 — *Vue d'Étretat, fusain*, II.
532 — *Une cheminée normande, fusain*, II.
Voir Peinture.

BURNOUF (Mlle LOUISE), née à Nancy (Meurthe-et-Moselle), élève de Mlle Keller. — A Paris, rue d'Alésia, 34.

533 — *Malherbe. faïence*, II.

BUSTELLI (LOUIS), né à Honfleur (Calvados). — A Honfleur, rue Brûlée, 14.

534 — *La lieutenance d'Honfleur, aquarelle*, II.

CARBONNIER (PAULIN), né à Paris, élève de MM. Allongé, Lalanne et Harpignies. — A Paris, rue de Paradis-Poissonnière, 51.

535 — *Six paysages, aquarelles*, II.
536 — *Étude d'arbre, aquarelle*, II.
537 — *Croquis pour une publication sur la ville de Caen ; — dessins à la plume*, II.
Voir Peinture et Gravures.

CASSAGNE (ARMAND), né au Lendin (Eure). — A Paris, rue du Bac, 12.

538 — *Deux paysages, aquarelles*, II.
539 — *La grange, aquarelle*, II.
540 — *Bibelots, aquarelle*, II.
Voir Peinture.

CHALE (CHARLES-ÉMILE), né à Tillières-sur-Avre (Eure),
élève de MM. Cabasson et Dessart. — A Boissy-sans-Avoir
(Seine-et-Oise).

541 — *Les Grâces au bain*, *faïence*, II.
542 — *Les Nymphes au bain*, *faïence*, II.

CHAMBINIÈRE (MAURICE-BERNARD). — Au Mans.

543 — *Nature morte*, *aquarelle*, II.
544 — *Paysage*, *aquarelle*, II.

CHARDON (HENRI).

545 — *Marine*, *aquarelle*, II.

CHARPENTIER (ÉDOUARD), né à Rouen, élève de Gustave
Morin. — Médailles à Caen. — A Rouen, rue Saint-Amand, 4.

546 — *La veillée*, *dessin*, II.

Voir Peinture.

CHAUDRON (Mlle LOUISE), née à Paris, élève de M. Le Petit. —
A Caen, rue aux Namps, 2.

547 — *Paire de potiches, décor chinois, suspension Japon,
plats, assiettes, porcelaine et faïence*, II.

CHÉDEVILLE (ALFRED). — A Caen, rue de Bernières.

548 — *La Tour de Nesle, d'après Callot, dessin*, II.

CHEVALIER (Mlle CLAIRE), née à Paris, élève de Mme D. de
Cool. — A Paris, rue Bonaparte, 47.

549 — *Nymphe au repos, d'après Benner, porcelaine*, II.
550 — *Éventail, aquarelle*, II.

CLAUDEL (Mlle MARIE), née à Lunéville (Meurthe-et-Moselle), élève de M. Dessart. — A Paris, rue du Vieux-Colombier, 11.

551 — *Guerriers jouant aux dés, faïence*, II.
552 — *La jeune mère, id.*, II.

CLÉMENT (ALBERT-LÉON), né à Strasbourg (Alsace-Lorraine), élève de M. Quillet. — A Caen, rue Saint-Louis.

553 — *Discussion entre Minerve et Neptune, pour donner un nom à la ville d'Athènes, peinture murale, d'après Mazerolle, faïence*, II.
554 — *Vénus sortant de l'onde, composition allégorique, d'après Arnoux, id.*, II.
555 — *Tête de femme, d'après Chaplin, id.*, II.

CLIQUOT (Mlle ANTOINETTE), née à Pontoise (Seine-et-Oise), élève de MM. Bargue, Flandrin et Chaplin. — A Nanterre, rue Royale, 3.

556 — *Vue prise à Évreux, aquarelle*, II.

COLLIGNY (Mlle JEANNE DE), née à Paris, élève de M. Feyen-Perrin. — Mention honorable à Tours. — A Paris, rue du Général-Foy, 17.

557 — *Pécheuse de rocaille à St-Pierre-en-Port (Seine-Infé-rieure), aquarelle*, II.
558 — *Retour de la pêche à St-Pierre-en-Port, id.*, II.
559 — *Tête d'homme, renaissance, émail*, VI.
560 — *Tête de femme, renaissance, émail*, VI.
561 — *Les Bohémiens, d'après Callot, gravure sur or*, VI.

CONIN (ALPHONSE), né à Paris, élève de MM. Legras et Pinel. — A Paris, rue St-Georges, 47, et à Villons-les-Buissons.

562 — *La Creuse au pont des Piles (Indre), aquarelle*, II.

CORDIER (RAOUL), né à Bayeux (Calvados), élève de M. Guillard. — A Paris, rue de Grenelle-St-Germain, 24.

563 — *Une rue à Caudebec, aquarelle*, H.
564 — *Le vieux marché St-Marc à Rouen*, *id.*, H.

COURAYE DU PARC (LÉONOR), né à St-Lo (Manche). — Au Tot-Annoville (Manche).

565 — *Après la pluie, soir de décembre, fusain*, H.
566 — *La grange*, *id.*, H.

CRESTY (Mme MARGUERITE, née BURET), née à Paris, élève de Français. — A Paris, rue Gay-Lussac, 12.

567 — *Fleurs d'automne, aquarelle*, H.

C. V.

568 — *Paysage, fusain*, H.

DASCHER (GEORGES-ADOLPHE), né à Caen, élève de M. Henri Lehman. — A Paris, rue de Sèvres, 155.

569 — *Navire à la remorque, aquarelle*, H.
570 — *Le dîner du capitaine*, *id.*, H.
571 — *L'école d'autrefois*, *id.*, H.

DAUDETEAU (LOUIS-MARIE-RENÉ), né à Fontenay-le-Comte (Vendée), élève de MM. Bunou, Gérôme et Lansyer.—A Paris, rue du Regard, 7.

572 — *Ruisseau de Fontanat, à Royat, fusain*, H.
Voir Peinture.

DEHAUSSY (Mme ADÈLE), née à Meaux (Seine-et-Marne), élève de M. Jules Dehaussy.—A Paris, rue Lafayette, 111.

573 — *Tête de femme, étude, dessin aux trois crayons*, H.
Voir Peinture.

DEHAUSSY (Mlle HÉLÈNE), née à Paris , élève de M. Jules Dehaussy.—A Paris, rue Lafayette, 111.

574 — *Tête d'homme, étude, dessin aux trois crayons,* H.

575 — *Tête de femme, étude. id.,* H.

DEMELLE (Mme BERTHE), née à Caen. — A Caen , impasse de la Fontaine.

576 — *Statuettes , lampes , potiches , plats , porcelaine et faïence,* H.

DESCHAMPS (Mme MARGUERITE-LÉONTINE-JULIE , née ROLLAND), née à Caen, rue Basse, 84.

577 — *Plats, assiettes et potiches, faïence,* H.

DESROZIERS (LOUIS-MARIE-EDGARD), né à Cahors (Lot). — A Balleroy.

578 — *Vue du parc de Balleroy, fusain,* H.

579 — *Vieux pont au bord de la forêt, id.,* H.

DORNOIS (ALBERT), né à Sévigny (Orne), élève de MM. Pelouse et Lalanne.—Médailles à Versailles et Le Mans.—A Paris, rue de Lille, 50.

580 — *Château de Falaise, fusain,* H.

Voir Peinture.

DU PLESSIS (GEORGES), né à Fontainebleau (Seine-et-Marne), élève de MM. Comte et Baron. — A Lisieux.

581 *Porte de l'Alhambra.*
Cour dans le vieux bazar,
Intérieur de l'Alcazar de Séville,
Palais du gouverneur de Tétouan,
582 *Porte et fontaine à Tétouan ,*
Vue de Tanger, — *aquarelles,* H.

Voir Peinture.

DURAND (Mlle JEANNE), née à Paris, élève de M. Foulongne. —
A Paris, rue Jacob, 48, et à La Chapelle-Saint-Ouen (Eure).

583 — *Vues du département de l'Eure, aquarelles*, II.

DUSSIEUX-KELLER (Mme STÉPHANIE), née à Versailles, élève
de M. Charles Monginot. — Mention honorable à Amiens et à
Chaumont; médailles à Versailles. — A Paris, chez M. Dangleterre, rue Labie, 10.

584 — *Vue de Granville, aquarelle*, II.

Voir Peinture.

FEULARD (ALEXANDRE), né à Paris, élève de MM. Gros et
Millet. — Médailles au Havre, Caen, Laval, Cherbourg. — Au
Havre, rue de Toul, 6.

585 — *Portrait de Mlle Marie X..., miniature*, II.
586 — *Portrait de Mme M. Gautier, miniature*, II.

Voir Peinture.

FÉVRIER (Mlle BLANCHE), née à Paris, élève de M. Richard. —
A Paris, boulevard Suchet, 75.

587 — *Branche de châtaignier, faïence*, I.
588 — *Paysage normand, id.*, I.

FLEURY (ALBERT), né au Havre (Seine-Inférieure), élève de
MM. Lehman et Galbrund. — Médaille à Niort. — Au Havre,
rue Augustin-Normand, 61.

589 *Sur la jetée, dessin*, II.

Voir Peinture.

FLEURY (Mme FANNY), née à Paris, élève de MM. Henner et
Carolus Duran. — Mention honorable à Paris; médaille à
Montpellier.

590 — *Fanchette, aquarelle*, II.

Voir Peinture.

FORESTIER (Mlle ALICE DE), née à Paris. — A Paris, rue du
Faubourg-St-Honoré, 63.

501 — *Ferme en Normandie, aquarelle*, II.
502 — *Pâturage, aquarelle*, II.

FORMIGÉ (Mlle EMMA), née à Bordeaux (Gironde), élève de
MM. Henner et Carolus Duran. — A Paris, rue d'Assas, 124.

503 — *Jeune fille effeuillant la marguerite, aquarelle*, II.
504 — *Roses, aquarelle*, II,

Voir Peinture.

FOUCHER (VICTOR-ÉMILE), né à St-Contest (Calvados) — A La
Flèche, rue Couchot, 34.

595 — *Ruines d'un château sur les bords du Rhin, d'après
Gustave Doré, dessin à la plume*, II.
596 — *Œdipe et Antigone, d'après E Teschendorff, id.* II.
597 — *Un instant d'arrêt, d'après Vastag, id.*, II.

FOULONGNE (ALFRED-CHARLES), né à Rouen (Seine-Inférieure),
élève de MM. P. Delaroche et Gleyre. — A Paris, rue du
Bac, 83.

598 — *Paysanne italienne, aquarelle*, II.
599 — *Le lac, aquarelle*, II.
600 — *Conversation à la fontaine, aquarelle*, II.

Voir Peinture.

FRILEUZE (H. DE), né à Alençon (Orne), élève de MM. Richard
et Brieux. — A Alençon, rue des Promenades.

601 — *Bords de la Sarthe, fusain*, II.
602 — *Un vieux moulin, id.*, II.
603 — *Portrait, id.*, II.

GALBRUND (Alphonse-Louis), né à Paris, élève de Richomme
et Regnault. — Médaille 3e classe à Paris. — Au Havre, rue
de Strasbourg, 162.

604 — *Portrait de Mme ***, pastel*, II.

Voir Peinture.

GAUQUELIN (Mme Marthe-Léonide), née à Rhétel (Ardennes).
— A Condé-sur-Noireau, rue de la Bataille , 14.

605 — *La Vierge au raisin* , II.
606 — *Portrait de M. G., miniature* , II.
607 — *La boudeuse, genre Greuze, id.*, VI.

GÉRARD (Mlle Émilie-Marie), née à Paris, élève de MM. Gros,
Renaud et Petit. — A Paris, rue d'Amsterdam, 14.

608 — *Religieuse en prière, porcelaine*, II.
609 — *La Vierge à la chaise, d'après Raphaël, porcelaine*, II.

GOESLE (Victor-Louis), né à Trelly (Manche), élève de M. Quesnel. — A Caen, venelle Crespellière, 6.

610 — *Environs de Coutances, fusain*, II.
611 — *Paysage, fusain*, II.

GRAUX (Jules), né à Paris, élève de l'École des arts et métiers.
— Au Havre, rue Piedfort, 17.

612 — *Mésanges et grenades (éventail), peinture sur soie*, II.
613 — *Chrysanthèmes et roses-noisettes, faïence*, II.
614 — *Fleurs, faïence*, II.

Voir Gravure.

GUERNIER (Charles), né à Saint-Malo (Ille-et-Villaine), élève de
MM. Murciani et H. Garneray. — Médailles à Saint-Brieuc,
Naples et Vitré. — A Saint-Malo, rue des Lauriers, 7.

615 — *Le Mont-Saint-Michel, dessin*, II.
616 — *Ruines de Savigny, dessin à la plume*, II.

Voir Peinture.

GUERRIER (ERNEST-GEORGES), né à Pont-l'Évêque. — A Caen, rue Écuyère, 22.

617 — *La réprimande, dessin à la plume*. II.

GUICHARD (Mlle LOUISE-MARIE), née à Vernon (Eure), élève de M. Lasellaz. — A Paris, 30, rue d'Auteuil.

618 — *Églantines et amours, éventail, gouache*, II.

GUIGNÉ (ALEXIS-EUGÈNE), né à Paris, élève de M. Harpignies. — A Paris, rue du Faubourg-St-Denis, 193.

619 — *Une rue de village, aquarelle*, II.
620 — *Église de village, aquarelle*, II.

GUILLOT (GAETAN-OCTAVE), né à St-Lo (Manche). — A St-Lo, rue du Rempart, 3.

621 — *La ferme de La Lande, fusain*, II.
622 — *Le Nez de Carteret (Manche), id.*, II.
623 — *La vallée de la Taute, à Périers, id.*, II.

HADENGUE (LOUIS-MICHEL), né à Paris, élève de M. Bonnat. — A Paris, rue Bochard-de-Saron, 9.

624 — *Atelier rustique, aquarelle*, II.

Voir Peinture.

HAMEL (VICTOR), né à Fécamp (Seine-Inférieure), élève de M. Paul Vasselin. — Médaille à Caen. — A Fécamp, rue J.-L. Leclerc, 54.

625 — *Église St-Pierre, à Caen, dessin à la plume*, II.
626 — *Vieille normande à la messe, id*, II.

Voir Gravure.

HARDY (Mˡˡᵉ ALICE-MARGUERITE), née à Paris, élève de M. Lucien Penet. — A Caen, place St-Sauveur, 25.

627 — *Bonsoir voisin*, *le déjeuner*, *portrait de M. H.*, *porcelaine*, II.

628 — *Trois faïences et six porcelaines :* Cendrillon, *d'après J. Bertrand; la rêverie et le fil rompu, d'après Aubert; le sommeil et le réveil d'Annette, d'après Boucher; le printemps, fleurs,* II.

HARDY (HIPPOLYTE), né à Paris, élève de Mˡˡᵉ Hardy. — A Caen, place St-Sauveur, 25.

629 — *Chanteuse espagnole, porcelaine,* II.

HARMIGNIES (Mˡˡᵉ GABRIELLE). — A Mondeville, près Caen.

630 — *Le bébé, d'après Lobrichon, porcelaine,* II.
631 — *Le bébé à l'œuf, id ,* II.
632 — *Plats et assiettes, porcelaine et faïence,* II.

HELLOUIN (XÉNOPHON), né à Aunay-sur-Odon (Calvados). — Médaille à Caen. — A Caen, 60, rue de Geôle.

633 — *Paysage, fusain,* II.
634 — *Paysage. id ,* II.

Voir Peinture.

HURAULT DE LIGNY, né à Tonneins (Lot-et-Garonne). — A Rouen, rue Jeanne-d'Arc, 6.

635 — *Vue prise de l'île de La Croix, aquarelle,* II.
636 — *Vue prise à la Malou (Hérault), id.,* II.
637 — *Vue prise aux Creux, id.,* II.

ISBERT (Mˡˡᵉ CAMILLE), née à Paris, élève de MM. Scheffer et Meuret. — A Paris, rue de La Bruyère, 15.

638 — *Jeune fille des Pyrénées,*
Jeune fille au collier,
Jeune fille à la fanchon,
Jeune fille au voile, *miniatures,* VI.

ISBERT (Mlle VALENTINE), née à Paris. — Mention à Tours. —
A Paris, rue de La Bruyère, 15.

639 — *Fleurs et oiseaux, faïence*, I.
640 — *Fleurs et oiseaux, éventail*, II.

JAUBERT (MELCHIOR), né à Digne (Basses-Alpes). — A Digne.

641 — *La neige dans les Basses-Alpes, aquarelle*, II.
642 — *Dans le vallon d'Entrages, près de Digne, id.*, II.

KAHN (Mlle LOUISE), née à Cosne (Nièvre), élève de MM. Lambert et Adam. — Médaille à Nevers. — A Paris, 15, rue des
Filles-du-Calvaire.

643 — *La jeunesse, d'après Carolus Duran, porcelaine*, II.
644 — *L'été, étude, id.*, II.
645 — *Fantaisie, caprice, id.*, II

KARL.

646 — *Mendiant, d'après Callot, porcelaine*, II.
647 — *Mendiant, d'après Callot, porcelaine*, II.

L*** (Mlle ÉLIZABETH), née à Paris, élève de Mme Dumas. —
A Paris.

648 — *Un éventail, azalées variés*, II.

LABBÉ (Mlle ALINE). — A St-Maurice, rue Neuve-Gabrielle, 6.

649 — *Tête de femme, d'après Antigna, porcelaine*, II.
650 — *Le passage du gué, id.*, II.

LACHEURIÉ (EUGÈNE), né à Paris. — A Honfleur, rue Haute,
122.

651 — *Vue d'Honfleur, aquarelle*, II.
652 — *Le matin sur la côte de Grâce, id.*, II.
653 — *Notre-Dame de Paris, id.*, II.

LAIR (ALBERT-EUGÈNE), né à Thiberville (Eure). — A Caen, rue
  Bicoquet, 50.

654 — *Extrémité du Grand-Cours à Caen, fusain*, II.
655 — *Le Drochon à Beuzeval, id.*, II.
656 — *Cabane à Cabourg, id.*, II.
657 — *Portrait, pastel*, II.

LALANNE (MAXIME) ✳ , né à Bordeaux, élève de Jean Gigoux.
  — Hors concours. — A Paris, rue Lafayette, 74.

658 — *Parc de Beauregard , à Villeneuve-St-Georges*, II.
659 — *Site agreste, fusain*, II.
Voir Gravure.

LARCHER (Mlle EUGÉNIE), née à Paris, élève de Mme Baudouin.
  — rue Buffon, 23.

660 — *Baigneuse, d'après Tillier, porcelaine*, II.
661 — *Le grand frère, d'après Rudaux, id.*, II.

LASELLAZ (GUSTAVE), né à Paris, élève de Lequien. — A Paris,
  rue Fontaine , 37.

662 — *Falaises de Fontenailles (Calvados), aquarelle*, II.
663 — *Falaises d'Arromanches (Calvados), id.*, II.
664 — *Pleine mer à Arromanches , id.*, II.
Voir Peinture.

LAUMONIER (Mme MARIE , née DE TREFFOREST), née à
  Vendôme (Eure-et-Loir). — A Caen, rue des Carrières-St-
  Gilles , 8.

665 — *Vierge, d'après Raphaël, porcelaine*, II.
666 — *Fleurs, id.*, II.

LEBEL (Edmond), né à Amiens Somme), élève de Léon Cogniet.
— Hors concours. — A Rouen, au Musée.

667 — *Boucher italien, aquarelle*, II.
Voir Peinture.

LECHEVALLIER (Édouard-Georges), né à Caen. — A Caen,
rue Graindorge, 10.

668 — *Dessin à la plume, d'après Doré*, II.
669 —   *Id.*   *Id.*   II.
670 — *La pêcheuse, d'après Vollon, dessin*, II.

LECORNU (Alfred), né à Caen, élève de M. Coquart. — A
Paris, rue de la Banque, 3.

671 — *Abside de l'église St-Pierre (Caen), aquarelle*, II.
672 — *La tour des gens d'armes (Caen), id.*, II.

LECOUVREUR (Mlle Louise-Anna-Augustine). — A Caen, rue
de Bayeux, 92.

673 — *Statuettes, potiches et plats, décors Saxe, chinois et
Rouen, porcelaine et faïence*, II.

LEFEBVRE (J.-J.-Georges), né à Berjou (Orne), élève de
M. Hellouin. — A Caen, rue St-Pierre, 20.

674 — *Manoir du Pont-Créon, fusain*, II.
675 — *Route de Pont-Érembourg, id.*, II.

LEFORT DES YLOUSES (Arthur-Henri). — Médaille à l'Exposition universelle (1878). — A Paris-Neuilly, avenue de
Madrid, 13.

676 — *Mer basse (Normandie), lave émaillée, grand feu*, II.
Voir Gravure.

LELIÈVRE (sœur ANTOINETTE), supérieure de la Providence de Séez. — A Séez.

677 — *Imitation de manuscrits*, H.

LE MORE (PAUL), élève de M. Couture. — A Paris, rue de Clichy, 69.

678 — *Sous bois, aquarelle*, H.
679 — *Un renseignement, id.*, H.

Voir Peinture.

LE PERRIER (Mlle ALICE), née au Havre (Seine-Inférieure). — Au Havre, rue Jules-Lecesne, 53.

680 — *Fleurs, gouache*, H.
681 — *Fête de village en Basse-Normandie, éventail, id.*, H.
682 — *Fleurs et amour, id., id.*, H.

Voir Peinture.

LEROUX (ÉTIENNE-EUGÈNE), élève de son père. — A Paris, boulevard Montparnasse, 41.

683 — *Marine. Vue prise à Isigny , aquarelle*, H.

LEROUX (PAUL , né à Caen. — A Caen, rue de la Prairie-St-Gilles, 3.

684 — *Rochers de la Bocca (Cannes), aquarelle*, H.
685 — *Montagne de Menton, id.*, H.
686 — *Ile St-Honorat (Cannes), id.*, H.

Voir Architecture.

LESELLIER (VICTOR-EUGÈNE), né à Mantilly (Orne). — A Caen, rue des Carrières-St-Gilles, 17.

687 — *Petits sujets d'après nature , dessins*, H.

Voir Peinture.

LE SUEUR (Mlle CLAIRE), née à Marolles-les-Braults, élève de de Mme de Cool. — Médaille à une exposition de province. — A Paris, rue de Maubeuge, 62.

688 — *La faneuse, faïence*, II.

LE SUEUR (Mlle GABRIELLE), née à Janville (Eure-et-Loir), élève de M. Camino. — A Paris, rue de Maubeuge, 102.

689 — *Tête de Normand, miniature*, II.
690 — *Le miroir des champs, d'après Perrault, émail*, II.

LEVARD (GUSTAVE), né à Paris.—A Caen, rue des Jacobins, 21.

691 — *Portrait d'enfant, aquarelle*, II.
692 — *Un tambour, fin du XVIe siècle, aquarelle*, II.

LEVAVASSEUR (CYPRIEN - LOUIS - PIERRE - EDMOND), né à Avranches (Manche), élève de son père. — A Avranches, route de Pontorson.

693 — *Dessins à la plume, croquis*, II.
694 — *Dessins à la sanguine, croquis*, II.

Voir Peinture.

LEVAVASSEUR (MAURICE-JULES-ADOLPHE), né à Vire (Calvados), élève de MM. Guernier et Gallot-Baumet.—A Paris, avenue Victoria, 17.

695 — *Environs de Vire, fusain*, II.

LEVET (CAMILLE), né à Passy (Seine), élève de M. R. Collin. — A Passy, rue Louis-David, 10.

696 — *Le Dante, d'après Aubé, émail*, IV.

LHOTE (JULES-LOUIS-MARIE), né à Boulogne-sur-Mer (Pas-de-

Calais), élève de MM. Picot et Verreuy. — Médailles à Dunkerque, Boulogne et Amiens. — A Amiens, rue des Cordeliers , 57.

697 — *La rue aux Fèvres, à Lisieux. aquarelle* , H

MADELAINE (GABRIEL), né à Caen. — A Houlgate-Beuzeval, 3, rue de Caen.

698 — *Paysage à Beuzeval, fusain*, H.
699 — *Effet de lune, id.*, H.

Voir Sculpture.

MADELAINE (Mlle GABRIELLE-VIRGINIE), née à Caen. — A Houlgate-Beuzeval, 3, rue de Caen.

700 — *Le clos Vimard à Beuzeval, fusain*, H.

Voir Sculpture.

MALHERBE (Mlle JEANNE DE), née à Troismonts (Calvados), élève de M. de Malherbe. — A Caen, rue Pémagnie, 19.

701 — *Vue des environs d'Abbeville, aquarelle*, H.

MARTIAL (A.-P.).

702 — *L'Incroyable, d'après Goupil, eau-forte*, H.

MARTIN (GABRIEL), né à Rouen (Seine-Inférieure), élève de MM. Morin et Cabanel. — Médailles au Havre et à Rouen. — A Rouen, impasse Ste-Marie, 4.

703 — *Entrée de ferme en Normandie, aquarelle*, H.

Voir Peinture.

MAUBERT (PIERRE-HENRY), né à Ingouville (Seine-Inférieure).

élève de Pils et de M. Glaize. — Médaille au Havre. — Au
Havre, rue de Montivilliers, 14.

704 — *Un coin du pont de la Concorde, à Paris, dessin*, H.

705 — *Une maison à Montivilliers, aquarelle*, H.

706 - *La Casa de San Francesco d'Albaro (Italie), id.*, H.

MEERSMANN (FRANÇOIS DE), né à Bruxelles, élève de M. Calamatta. — Médaille à Bruxelles. — A Ixelles-Bruxelles,
chaussée de Wavre, 218.

707 — *La Vierge portée par les Anges, dessin d'après le tableau*
        de Grayer, H.

708 — *Œdipe et Antigone, dessin d'après Stallaert*, H.

> « Œdipe . Peux-tu me dire où nous sommes, ô ma fille? »

> **Voir Gravure.**

MÉNARD DE SELLE (Mlle MARGUERITE), née à Bordeaux
(Gironde), élève de Mme Balluc-Genovay. — A Paris, rue de
Bréda, 15.

709 — *Le château de cartes, d'après Drouais, porcelaine*, H.

MILLET (RÉGIS-HENRI) ✳. — A Caen, rue des Petites-Carrières-
St-Julien, 6.

710 — *Notre-Dame de Paris au moyen âge, dessin à la*
        plume, H.
711 — *Napoléon Ier, id.*, H.

MISEROLLE (E.)

712 — *Portrait de Mme Vigée-Lebrun et de sa fille, porce-*
        laine, H.
713 — *L'envoi, d'après Lambert, porcelaine*, H.

MOLÉNAT (CYPRIEN-AUGUSTE), né à Rodez (Aveyron). — A
Paris, avenue de Clichy, 125.

714 — *Nymphe et Satyre. — Bergère, costume Louis XVI. —
Portrait de Madame la comtesse X. — Diane surprise
au bain, miniatures sur ivoire*, VI.

MOTTELEY (GEORGES), né à Caen, élève de MM. Hellouin et
Guay. — A Paris, rue de Gérando, 10.

715 — *Inondations à Ivry, fusain*, II.
716 — *Une rivière, id.*, II.

Voir Peinture.

OLLENDON (Mlle CAROLINE D'), née à Poitiers (Vienne), élève
de M. Penot. — — A Paris, rue de Grenelle, 3.

717 — *Jeune fille se défendant contre l'amour, émail*, VI.
718 — *Ève, étude, id.*, IV.
719 — *Mary, étude, id.*, IV.

OLLIVIER (L.).

720 — *Marine, faïence*, II.

PAPASSIMOS (Mme ÉLIANE, née CHEMIN), née à Mailloc (Calvados, élève de M. Charles Lepec. — A Paris, rue St-Marc, 18.

721 — *Tête d'étude, porcelaine*, II.
722 — *La jeunesse et l'amour, id.*, II.

PARFOURRU (GEORGES-LOUIS DE), né à Rocquancourt (Calvados), élève de M. Allongé. — A Paris, rue Mayet, 27.

723 — *Près de Villers-sur-Mer, fusain*, II.
724 — *Environs de Beuvron, id*, II.
725 — *Au bord de l'eau, id.*, II.

PÉXON (Mlle ADRIENNE). — A Paris, rue Cardinet, 62.

726 — *Le départ, d'après Lesrel, émail*, II.

PERRIGNON DE FRÉNOY (Mme ALINE), née à Hornu (Belgique), élève de M. de Mol. — Mention honorable à Paris ; médaille à Lille. — A Bruxelles, rue Godecharle, 31.

727 — *Panier de fleurs, faïence.* II.
728 — *Fleurs , id* , II.

Voir Peinture.

PETIVILLE (HENRI DE), né à St-Sever (Calvados), élève de MM. Carolus Duran et Damoye. — A Paris, rue d'Assas, 90.

729 — *L'étang de St-Sever, dessin* , II.

Voir Peinture

PIAUD (Mlle SUZANNE), née à Sahurs (Seine-Inférieure), élève de MM. P. Zacharie et Lalanne. — A Paris, quai Conti, 11.

730 — *Vue de Rouen, fusain* , II.
731 — *La tour du Gros-Horloge, dessin*

Voir Peinture.

PINART (ARMAND), né à Seclin (Nord), élève de M. Armand Gilbert. — Mention honorable à Valognes. — A Avranches, rue St-Martin, 8.

732 — *La prière des orphelins, dessin* , II.

Voir Peinture.

PINEL-MAISONNEUVE (GEORGES), né à Paris, élève de MM. G. Boulanger et Jules Lefebvre. — A Avranches, boulevard du Sud, 50.

733 — *Portrait de M. A.-M. Laisné, dessin*, II.
734 — *Portrait de M^***, id* , II.

V. Peinture.

POTIER DE LA VARDE (BERNARD-LÉONOR). né à Tessy-sur-

Vire (Manche), élève de M. Labonne. — A Avranches, boulevard du Sud, 33.

735 — *Marée montante à Agen*, *fusain*. H.
736 — *Effet de matin*, *id.*. H.

RABEL (GUSTAVE), né à Rouen (Seine-Inférieure), élève de
M. Malaigon. — A Rouen, route du Mont-aux-Malades, 4.

737 — *Yachts au mouillage*, *aquarelle*; H.

Voir Peinture

RAME (JULES), né à Quézy (Calvados), élève de MM. Guillard
et Heitouin. — A Quézy.

738 — *Croquis, dessins à la plume et au crayon*, H.

Voir Peinture.

RASTOUX (JULES), né à Nîmes (Gard). — Médailles à Nîmes
et Avignon. — A Nîmes, rue de l'Église, 12.

739 — *Le moulin du Pont-du-Gard*, *fusain*. H.
740 — *Les bords du Gardon*, *id*. H.

Voir Peinture.

REGNOUF DE VAINS (HENRY), né à Couvains (Manche). —
A Couvains.

741 — *Cheval*, *aquarelle*. H.
742 — *Scène de chasse*, *id*. H.

RICHARD (EDMOND-CAMILLE), né à Neauphle-le-Château (Seine-
et-Oise), élève de MM. Cabanel et Normand. — A Paris, rue
Ste-Placide, 52.

743 — *Port à marée basse*, *aquarelle*, H.
744 — *Les deux couinières*, *id*. H.
744 bis. — *La récolte à Neauphle*, *id*. H.

4

ROBERT (Mme GENEVIÈVE-LAURENCE, née LACOSTE), née à
Paris, élève de Mlle Marie Chevalier. – A Paris, rue Dancourt, 4.

745 — *Le puits de l'ami Grisel, à Breteuil-sur-Iton (Eure),*
faïence, II.

ROSSI (Mme ALINE-CLÉMENTINE, née LABBÉ), née à Bercy
(Seine), élève de Mme Jacobber et de M. Vion. —A Paris, rue de
la Roquette, 39.

746 — *Le passage du gué, d'après Bouguereau, porcelaine*, II.
747 — *Tête de femme, d'après Antigna, id.*, II.
748 — *Portrait de M. L....., id.*, II.
749 — *Portraits de M. et de Mme G. R....., id.*, II.

RUSSELL (Mlle LOUISE-THÉRÈSE), née à Arcueil-Cachan (Seine),
élève de Mlle Nicolo. – A Paris, rue Berthollet, 17.

750 — *Tête d'étude, peinture sur porcelaine*, II.

SAUBÈS (LÉON-DANIEL), né à Guiche (Basses-Pyrénées), élève
de M. Bonnat. — A Paris, rue Cauchois, 15.

751 — *Portrait de M Puvis de Chavannes, d'après Bonnat,*
dessin, II.

SCHAUFFER (CHARLES), à St-Calais (Sarthe), né à Phalsbourg
(Alsace-Lorraine).

752 — *Mendiant et mendiante, d'après Callot, panneau de*
faïence en émail stannifère, II.
753 — *Un convoi de gueux, d'après Callot, peinture vitrifiée.*

SÉGUIN (Mme ANTOINETTE). — A Paris, 70, boulevard St-Michel.

754 — *Au Caire, peinture faïence*, II.
755 — *Fleurs,   id.   sur porcelaine*, II.
756 — *Soldat du XVIe siècle, émail*, II.

SEVRETTE.

757 — *Une halle de village, aquarelle*, II.

758 — *Paysage, entrée de forêt*, II.

Voir Gravures.

SIMON (J.-B.-LÉON), né à Metz (Lorraine), élève de M. Migetts.
— Médaille à Chaumont.

759 — *Ravin de Mainboltel (Meurthe-et-Moselle), fusain*, II.

760 — *La Seille, près Metz, fusain*, II.

761 — *Étude d'arbres, fusain*, II.

SOLIÉ (ERNESTINE), née à Huissignies, élève de MM. Topart et
Levasseur. — A Paris, rue Notre-Dame-de-Nazareth, 63.

762 — *Triomphe d'Amphitrite, aquarelle*, II.

763 — *Portrait de M. E. S., émail*, VI.

SOSSON (EUGÈNE-LOUIS), né à Cristot (Calvados). — A Caen,
rue de la Gare.

764 — *Paysage, dessin à la plume*, II.

765 — *Oiseau et fleurs, id.*, II.

TESNIÈRE (VICTOR-THÉOPHILE), né au Havre (Seine-Inférieure).
— Médailles à Alençon, St-Lo, Isigny et Caen. — A Caen,
rue Jean-Romain, 44.

766 — *Vue de Graye (Calvados), aquarelle*, II.

Voir Peinture et Gravure.

THOUIN (ALEXANDRE-ADOLPHE-ANGEL), né à Alençon (Orne). —
Mention honorable à Caen, médaille à Alençon. — A Argon-
tan, rue Henri IV.

767 — *L'avenue abandonnée, dessin à la plume*, II.

768 — *La clairière, id.*, II.

769 — *Aristide le Juste, mine de plomb*, II.

770 — *Fragment de la frise du Parthénon, id.*, II.

TRIPONEL (Mlle MARIE), née à Mulhouse (Alsace). — Médailles à diverses expositions de province. —A Versailles, rue de Beauvau, 1.

771 — *Roses trémières, faïence*, II.
772 — *Magnolias, faïence*, II.

VEILLON (RENÉ M.-J.), né à Mortagne (Orne), élève de MM. Veillon (P.-Sain) et Chevallier. — A Caen, au Lycée.

773 — *Un vieux manoir sur la Sarthe, fusain*, II.
774 — *Plage à Granville, fusain*, II.

VELAY (AMÉDÉE). — A Laval,

775 — *Bords d'une rivière, fusain*, II.
775 bis. — *Paysage, fusain*, II.
776 — *Paysage, fusain*, II.

VERWAEST (Mlle BERTHE, née à Paris, élève de M. Maxime Lalanne. — Médaille à Boulogne-sur-Mer; mention honorable à Versailles. — A Paris, rue St-Jacques, 169.

777 — *L'aiguille d'Étretat, faïence grand feu*, II.
778 — *La crique à Touques,*   *id.*   II.
779 — *Les Vaches-Noires,*   *id.*   II.

VESLY (LÉON-ÉPHREM DE), né à Rouen (Seine-Inférieure). — Médaille de bronze, Union centrale. — A Rouen, rue des Faulx, 21.

780 — { *Clocher de Freneuse,* / *Clocher de Tourville,* }   { *aquarelles*, II.
781 — { *Moulin d'Oissel,* / *Ferme à Oissel,* }   { *aquarelles*, II.
782 — { *Chaumière du père Lacaille,* / *Marronniers des Cressonnières à Veules* / *(Seine-Inférieure),* }   *aquarelles*, II.

VIELLE (GASTON-ARSÈNE-BERNARD), né à Aunay-sur-Odon
(Calvados).—A Villers-Bocage.

783 — *Effets de nuit, dessin,* H.

VIGNIER (CHARLES), né à Genève.—Au Havre, place de l'Hôtel-
de-Ville, 21.

784 — *Bords du Sichon (Allier), fusain,* H.
785 — *Lac des Quatre-Cantons, id.,* H.

VIGOGNE (Mlle CLATRE), née à Paris, élève de M. Flandrin. —
Mention honorable à Nimes.—A Paris, rue de Grenelle, 180.

786 — *Liserons blancs de la forêt d'Évreux, éventail,* H.

VILLAIN (GEORGES), né à Paris, élève de son père. — A Paris,
rue d'Amsterdam, 50.

787 — *Landes et bruyères, aquarelles,* H.
788 — *La rentrée du troupeau, aquarelle,* H.

Voir Peinture.

YVETOT (Mlle ÉLINA), née à Rauville-la-Place (Manche), élève
de M. Lafond. — Médailles à diverses expositions de province
et diplôme d'honneur à Clermont-Ferrand. — A Bourges, rue
de la Gare, 10.

789 — *Portrait de M. Michelin, porcelaine,* H.
790 — *Galathée, id.,* H.
791 — *Pluie d'or, barbotine,* H.
792 — *Idylle, id.,* H.
793 — *Passion, d'après Poussin, gravure sur verre d'or,* VI.
794 — *Portrait de M. X***, fusain et sanguine,* H.

ZABOROWSKA (Mme GABRIELLE, née EYLÉ), née à Paris, élève

de MM. Lequien père et Camino. — Médaille de bronze à l'Exposition universelle de Paris, 1878. — A Thiais, avenue de Paris, 2.

795 — *Retour de la pêche aux huîtres à Cancale, d'après Feyen Perrin, porcelaine*, II.

796 — *Sur la grève, aux environs de Dieppe, éventail*, VI.

III.

SCULPTURE.

ASTOUD TROLLEY (Mme LOUISE), née à Paris, élève de Préault, décédée à Caen, en 1883.

797 — *Beethoven, médaillon en bronze*, 1.
798 — *Préault, sculpteur, id.*, 1.
799 — *Perroquet et belette, plâtre*, 1.

Voir Dessins.

BASLY (EUGÈNE DE), né à La Folie, près Caen. — A Neuilly-sur-Seine, rue Perronnet, 99.

800 — *Enfant mourant de faim, statue en plâtre*, 1.

BEAUMONT (Mlle MARGUERITE), née à Avranches (Manche). — A Avranches, boulevard du Sud, 6.

801 — *Médaillon de M. Le H., bronze*, 1.
802 — *Médaillon de M. M. L., plâtre*, 1.

BROUARD (ÉMILE), né au Havre (Seine-Inférieure). — Au Havre,
rue Bernardin-de-St-Pierre, 17.

803 — *Paysage, terre cuite*, I.
804 —   *Id.*   *Id.*,   I.
805 —   *Id.*   *Id.*,   I.

BRUNET (GEORGES), né à Caen, élève de l'École des Beaux-Arts
de Caen. — Médaille à Caen. — A Caen, rue St-Pierre, 120.

806 — *Chien courant, plâtre*, I.
807 — *Portrait de M. Berlauld, sénateur, procureur général
        près la Cour de Cassation, buste en plâtre*, I.
808 — *Portrait de M. A. P., id.*, I.

BULLIER (ALEXANDRE), né à Paris. — Médaille au Havre. —
A Paris, boulevard de Port-Royal, 86.

809 — *La frayeur, plâtre*, I.
810 — *Un philosophe, étude, buste, terre cuite*, I.

CASINI (ERNEST), né à Dinan (Côtes-du-Nord), élève de M. Du-
jardin. — A Caen, rue du Tour-de-Terre.

811 — *Portrait du jeune C..., buste, terre cuite*, I.

CHEVALIER (HYACINTHE), né à St-Bonnet-le-Château (Loire). —
Mention honorable à Paris. — A Paris, 5, rue Largillière.

812 — *Auber, médaillon terre cuite*, I.

CLÉMENT (Mme), née à St-Louis (Moselle). — A Caen, rue
St-Louis.

813 — *Plaque fleurs, terre cuite*, I.
814 —   *Id.*   *Id.*,   I.
815 —   *Id.*   *Id.*,   I.

CORDIER (CHARLES) ✳, né à Cambrai (Nord), élève de Rude. — Hors concours. — A Paris, boulevard St-Michel, 115.

816 — *Juive d'Alger, buste en bronze,* IV.

CORNULIER (HENRI DE), élève de M. Ch. Jacquier. — Au château de Fontaine-Henri (Calvados).

817 — *Tambour de la ville de Caen, buste en plâtre,* I.

DÉCORCHEMONT (ÉMILE-LOUIS), né à St-Pierre-d'Autils (Eure). Médaille 3ᵉ classe à Paris ; médailles à Caen, Évreux et Rouen. — A Paris, rue Ganneron, 12.

818 — *Une offrande à Pan, groupe, plâtre,* I.

DELAPLANCHE (EUGÈNE) ✳, né à Paris, élève de Duret. — Hors concours. — A Paris, rue d'Assas, 68.

819 — *Auber, statue, marbre,* VI.

Offerte à la ville de Caen par la Société des Beaux-Arts.

820 — *La musique, statue, plâtre,* IV.

DELATTRE (Mˡˡᵉ THÉRÈSE), née à Paris, élève de Mᵐᵉ Bertaux et de M. de Vasselot. — A Paris, 10, rue Guichard.

821 — *Portrait du général comte De Caen, buste, plâtre bronzé,* I.

DEVAUX (FRANCIS-ALEXANDRE), né à Fécamp (Seine-Inférieure), élève de l'École municipale de Rouen. — A Rouen, rue de la Croix-Verte, 6.

822 — *Portrait de M. Pouchet, buste en bronze,* I.

GAALON (JACQUES DE), né aux Moutiers-en-Cinglais (Calvados), élève de MM. Ch. Jacquier et Lenordez. — A Caen, rue des Capucins, 26.

823 — *Portrait de Mᵐᵉ la comtesse de G., buste, terre cuite,* I.
824 — *Portrait de M. G. de G., buste, plâtre,* I.

GIRARD (ANNA-HENRI). — A Coutances, rue St-Nicolas, 78.

825 — *Portrait de l'auteur, buste, plâtre*, I.
826 — *Portrait de M***, buste, plâtre*, I.

GUILBERT (ERNEST-CHARLES-DÉMOSTHÈNES) ✱, né à Paris,
   élève de MM. A. Dumont et A. Chapu. — Hors concours. —
   A Paris, rue de Vaugirard, 59.

827 — *Ève tentée, terre cuite.*

GUILLOUX (ALPHONSE-EUGÈNE), né à Rouen (Seine-Inférieure).
   — Médaille 3ᵉ classe. — A Paris, rue de Vaugirard, 99.

828 — *Portrait de Mᵐᵉ Henri Fauquier, buste, plâtre*, III.
828 bis. — *Portrait de M. le comte Du Moncel, membre de
   l'Institut, buste, terre cuite*, I.

GODEBSKI (CYPRIEN), né à Méry-sur-Cher (Cher), élève
   de M. Jouffroy. — Mention honorable Paris ; médailles à
   Dieppe et Compiègne. — A Paris, rue Prony, 75.

829 — *L'amour mendiant, statuette, bronze*, I.
830 — *Faunes musiciens, id.*, I.

HUET (FÉLIX-VICTOR), né à St-Pierre-lès-Elbeuf (Seine-Inférieure). — A St-Pierre-lès-Elbeuf.

831 — *Portrait de M. G. D., buste, plâtre*, I.
832 — *Portrait du jeune Henri Huet ; id., de M. X. ; id. du père
   de l'auteur ; id. de M. J. B., médaillons, plâtre*, I.

ITASSE (ADOLPHE), né à Lourmarin (Vaucluse), élève de
   MM. Belloc et Jacquot. — Médaille 3ᵉ classe à Paris. — A Paris,
   rue du Faubourg-St-Honoré, 233.

833 — *Le petit sabot de Noël, terre cuite*, I.
834 — *Petite fille à la colombe, id.*, I.
835 — *L'enfant à l'escargot, id.*, I.

JACQUIER (Charles), né à St-Loup (Haute-Saône), élève de Perraud et de M. Dumont. — A Caen, rue de Geôle, 53.

836 — *Portrait de M. Mériel, maire de Caen, buste,* **terre cuite**, I.

837 — *Portrait de M. le docteur Bourienne, directeur de l'École de Médecine de Caen, buste, plâtre,* I.

838 — *Portrait de M. Ménard, terre cuite,* I.

JAVA (Mᵐᵉ Amélie de), née à Paris, élève de M. Michel. — A Paris, rue Duphot, 18.

839 — *Portrait de M. le général Le Tellier de Blanchard, buste, terre cuite,* I.

LAFRANCE (feu Jules-Isidore) ✳, né à Paris, décédé en 1881.

840 — *Saint Jean-Baptiste, statue, plâtre,* IV.

LAHEUDRIE (Edmond de), né à Trévières (Calvados), élève de M. Ch. Jacquier. — A Caen, rue Gémare, 7.

841 — *Portrait de M. T., buste, plâtre,* I.
842 — *Jeune fille, buste, plâtre,* I.

LE BART (Henri), né à Mortagne (Orne). — A Caen, rue des Croisiers, 9.

843 — *Deux vases, biscuit,* I.
844 — *Un coffret en poirier,* I.
845 — *Un coffret en buis,* I.

LECORDIER (Mˡˡᵉ Berthe), née à Vire, élève de M. Le Duc. — A Paris, rue Turbigo, 16.

846 — *Portrait du Dʳ A. B , médaillon, terre cuite,* I.

LECORNU (Joseph), né à Caen, élève de M. Ch. Jacquier. — A Caen, rue de l'Engannerie.

847 — *Buste de M. A. L., architecte, à Paris,* **terre cuite**, I.

LE DUC (ARTHUR-JACQUES), né à Thorigny-sur-Vire (Manche),
    élève de l'École des Beaux-Arts de Caen, de Barye et de M. A.
    Dumont. — Mention honorable et médaille 3ᵉ classe à Paris ;
    médaille à Caen. — A Paris, rue d'Assas, 68.

848 — *Le baiser équestre, groupe, bronze*, I.
849 — *Portrait de M. Berlauld, sénateur, procureur général
        près la Cour de Cassation, buste, plâtre*, I.
850 — *Portrait de M. Alphonse Daudet, buste, terre cuite*, I.
                                    Voir monuments publics.

LE DUC (Mᵐᵉ MARIE-CÉLESTINE, née LECOMTE), née à Caen,
    élève de M. A. Le Duc. — A Paris, boulevard St-Michel, 73.

851 — *Portrait de M. Alphonse Daudet, médaillon, terre cuite*, I.

LEFÈVRE-DESLONGCHAMPS (LOUIS), né à Cherbourg (Manche),
    élève de M. Dumont. — Hors concours. — A Paris, rue des
    Dames, 27.

852 — *Marguerite à l'église, statuette, marbre*, I.
853 — *Jeune fille se retirant une épine du pied, statuette, **terre
        cuite**,* I.
854 — *Mignon regrettant sa patrie, statuette, terre cuite*, I.
855 — *La Mascotte, statuette, terre cuite.*

LEGUEUT (EUGÈNE), né à St-Sever (Calvados). — A Paris, rue de
    Vaugirard, 79.

856 — *Enfant jouant de la flûte, statue plâtre*, I.
857 — *Enfant endormi, buste, plâtre argenté*, I.

LEMAITRE (ARTHUR), né à Amiens (Somme), élève de M. Ch.
    Jacquier. — A Caen, rue de Bernières, 18.

858 — *Portrait de M. D. Beaujour, président du Tribunal de
        commerce, buste, terre cuite*, I.
859 — *Portrait de Mˡˡᵉ H. L., buste, plâtre*, I.
860 — *Portrait de Mᵐᵉ A. L. médaillon, plâtre*, I.

LE MERCIER DE NEUVILLE (Mlle LUCIENNE), née à Laval
(Mayenne), élève de M. Le Duc. — A Asnières

861 — *Portrait de M. L. D., médaillon, plâtre*, I.

LEROUX (ÉTIENNE) ✳, né à Écouché (Orne), élève de M. Jouffroy.—Hors concours.—A Paris, rue de Vaugirard, 99.

862 *Jeune sauteuse de corde, statuette, terre cuite*, I.

LESAULX , né à Caen, élève de M. Lenordez. — A Caen, passage
Bellivet.

863 — *Buste de M. X., plâtre*, I.

LE VÉEL (ARMAND) ✳, né à Bricquebec (Manche), élève de
Rude.—Hors concours. — A Cherbourg, rue du Maupas.

864 — *Projet de statue équestre de Jeanne d'Arc (au tiers de la
grande exécution projetée), bronze*, I.
865 — *Jeanne d'Arc, buste, bronze*, I.
866 — *Le représentant du peuple aux armées , statuette,
bronze*, I.

MADELEINE (GABRIEL), né à Caen. — A Houlgate-Beuzeval,
rue de Caen, 3.

— *Christ, terre cuite*, I.

Appartient à l'église de Beuzeval.
Voir Dessins.

868 — *Portrait de M. X..., terre cuite*, I.

MADELEINE (Mlle GABRIELLE-VIRGINIE), née à Caen. - A Houlgate-Beuzeval, rue de Caen, 3.

869 — *Hotte, fleurs, terre cuite*, I.
870 — *Bouquet, fleurs, id.*, I.
871 — *Sabot vide-poche, id.*, I.

Voir Dessins

MAUDUIT (EDMOND), à St-Martin-des-Besaces (Calvados), élève de M. Charles Jacquier. — A Caen, rue St-Jean, 92.

872 — *Portrait de M. D., haut-relief, terre cuite*, I.
873 — *Portrait de M*me *M., médaillon, plâtre*, I.

MEZZARA (PIERRE-LOUIS-ALEXANDRE), né à Évreux (Eure).— A Paris, avenue de Villiers, 85.

874 — *Tendresse, groupe, terre cuite,* I.

MOMBUR (JEAN), né à Ennezat (Puy-de-Dôme), élève de MM. Dumont et Bonnassieux. — Mention honorable à Paris. — A Paris, avenue de Ségur, 49.

875 — *Paysanne, retour des champs, statuette, terre cuite,* I.

MONY (ADOLPHE-STÉPHANE), né à Paris, élève de MM. Guitton et Bartholdi. — A Paris, boulevard de Clichy, 11.

876 — *Portrait de M. Alex. M., médaillon, bronze,* I.

NOËL (EDME-ANTONY-PAUL) ✳, né à Paris, élève de MM. Guillaume, Lequesne et Cavelier. — Hors concours. — A Paris, rue du Val-de-Grâce, 6.

877 — *Méditation, statue, plâtre,* III.

OSSEVILLE (vicomte CHRISTIAN D'), né à Caen, élève de M. Charles Jacquier. — A Caen, rue des Carmes, 9.

878 — *Portrait de M. le comte d'O., buste, plâtre,* I.
879 — *Portrait de M. le comte de C., id.,* I.
880 — *Portraits de M*mes *d'O., médaillons, terre cuite,* I.

PAGANI (LOUIS). — Médailles à Milan, Madrid et Melbourne. — A Milan (Italie), rue Moscova, 27.

881 — *Charlotte Corday, buste, marbre,* III.

ROCHETTE (EMERAND DE LA), né à Guérande (Loire-Inférieure), élève de M. Lebourg. — A Paris-Auteuil, boulevard de Juillet, 61.

882 — *La romance, statuette, terre cuite*, I.

RODIN (AUGUSTE), né à Paris, élève de MM. Barges et Carrier-Belleuse. — A Paris, rue des Fourneaux, 36.

882 bis. — *Buste, terre cuite*, I.

ROUGELET (BÉNÉDICT), né à Tournus (Saône-et-Loire), élève de Duret. — Médaille à l'Exposition universelle de Paris 1878. — A Paris, rue du Faubourg-St-Honoré, 233.

883 — *La querelle, terre cuite*, I.
884 — *La toupie, id*, I.

THIÉBEAULD DE LA CROUÉE (CHARLES), né à Caen, élève de M. Ch. Jacquier. — A Caen, rue des Carmélites, 17.

885 — *Portrait de M. T. de La C., buste, plâtre*, I.
886 — *Portrait de M*lle *L., buste, plâtre*, I.
887 — *Portrait d'enfant, buste, plâtre*, I.

TOPPFFER (CHARLES), né à Genève (Suisse). — Médaille à Clermont-Ferrand. — A Paris, 16, rue de Seine.

888 — *Aïscha, jeune femme kabyle, buste, plâtre doré*, I.
889 — *Bull, étude de chien, bronze*, I.
890 — *Maud, médaillon en bois de jujubier*, I.

VASSELOT (ANATOLE MARQUET DE), né à Paris, élève de MM. Le Bourg, Jouffroy et Bonnat. — Hors concours. — A Paris, rue Talma, 7.

891 — *Crépuscule, statuette, terre cuite*, I.
892 — *La fiancée, buste, marbre*, I.

SCULPTURE.

VASSEUR-LOMBARD (AMÉDÉE), né à Vienne-le-Château (Marne), élève de J. Feuchère. — A Paris, rue St-Jacques, 129.

893 — *Charlotte Corday*, *médaillon*, *plâtre*, I.

VERGNIOLLES (Mlle JEANNE DE). — A Bréville (Calvados).

894 — *Portrait de M. A. B.*, *buste*, *plâtre*, I.

V. J.

895 — *Souvenir de Diane*, *groupe*, *plâtre*, I.

IV.

GRAVURE EN MÉDAILLE ET PIERRES FINES.

MICHEL (GEORGES-CHARLES-PROSPER), né à Rouen (Seine-Inférieure), élève de M. Th. Simon. — A Paris, rue Bailly, 4.

896 — *Zéphyr d'après Prud'hon camée-intaille, sardoine ; — Hercule enfant étouffant les serpens, camée-intaille, sardoine ; — les Trois-Grâces, camée-intaille ; — Mars et Rhéa, camée-intaille ; — Hercule Farnèse, camée-intaille ; — deux petits génies, camées en relief, I.*

VERNON (Frédéric), né à Paris, élève de M. Cavelier, Millet et P. Tasset. — A Paris, rue de Grenelle, 53.

897 — *Souvenir de mariage, médaille, argent, II.*

V.

ARCHITECTURE.

CONIN (CASIMIR), né à Villons-les-Buissons (Calvados), élève de Lassus. — Médaille à Caen. — A Paris, rue St-Georges, 47.

898 — *Projet de chapelle de l'archiconfrérie de saint Joseph, à Aizanville (Haute-Marne), VI.*

DORANGE (JULES-SIMON). — A Paris, rue de Turenne, 113.

899 — *Porte renaissance relevée et restaurée à l'église St-Pierre de Caen, VI.*

FAUQUET (ÉMILE). — A Rouen, rue Ganterie, 58.

900 — *Maisons d'école à Sotteville-lès-Rouen, VI.*
901 —   *Id.,*   VI.

LAMBERT (MAURICE), né à Caen, élève de M. Massieu. — A Caen, rue St-Jean, 94.

902 — *Villa exécutée à Passy, rue de la Pompe, sous les ordres de M. Haquette, à Paris, VI.*

LAUMAILLER (ALBERT-AMAND-EUGÈNE), né à Condé-sur-Noireau (Calvados), élève de M. Remule Marie.—A Flers-de-l'Orne,
rue de la Chaussée.

903 — *Plans d'une école primaire*, VI.

904 — *Coupe et élévation d'une école primaire*, VI.

LEFEBVRE (ALFRED-BENJAMIN), né à Boisguillaume-lez-Rouen
(Seine-Inférieure), élève de M. Barre. — A Boisguillaume, rue
Lemarchand, 9.

905 — *Projet de marchés couverts pour la ville de Rouen*, VI.

MANOURY (EDMOND-FRÉDÉRIC), né à Caen, élève de M. Albert
Massieu. — A Caen, rue des Petites-Carrières-St-Julien, 5.

906 — *Copie d'écuries et de remises exécutées à Jouy-en-Josas
(Seine-et-Oise), sous les ordres de M. E. Petit, architecte*, VI.

MASSIEU (ALBERT), né à Caen, élève de MM. Baumier et Auvray.
— A Caen, rue de Geôle, 57.

907 — *Projet de villa*, VI.

MICHELIN (FÉLIX), né à Montgeron (Seine-et-Oise), élève de
M. Guadet.—Lauréat de l'Institut, mention honorable à Paris.
— A Paris, rue de Clichy, 21.

908 — *Villa dans une presqu'île d'un lac d'Italie*, VI.

TISSANDIER (ALBERT), né à Anglure (Marne), élève de M. André.
— A Paris, avenue de l'Opéra, 19.

909 — *Plan, façades et coupes de l'hôtel Frascati, au Havre*, VI.

VI.

GRAVURE et LITHOGRAPHIE.

ADELINE (JULES), né à Rouen. — Médailles à Caen, Alger,
Amiens, Épinal, Laval, Rouen, Toul, Londres et Philadelphie.
— A Rouen, rue Eau-de-Robec, 36.

910 — *Une vieille rue de Caudebec-en-Caux, eau-forte*, II.
911 — *Une porte de St-Maclou de Rouen, id.*, II.
912 — *Les ponts de Robec et les boucheries St-Ouen à Rouen,
eaux-fortes*, II.

CARBONNIER (PAULIN). né à Paris, élève de MM. Allongé,
Lalanne et Harpignies.— A Paris, rue Paradis-Poissonnière, 51.

913 — *Quatre vues de Caen, eaux-fortes*, I.

Voir Peinture et Gravures.

CHARREYRE.

914 — *L'œuvre de Rembrandt, héliogravure*, II.

DELAUNAY (ALFRED-ALEXANDRE), né à Gouville (Manche). —
Hors concours.—A Paris, rue St-Louis-en-l'Ile, 10.

915 — *Cathédrale d'Amiens, eau-forte*, I.
916 — *Vue de Chartres, eau-forte*, I.

FLAMENG (Léopold) ✳, né à Bruxelles, de parents français.
— Hors concours. — A Paris, boulevard du Montparnasse, 25.

917 — *L'œuvre de Rembrandt, deux cadres, eaux-fortes*, H.

GAILLARD (Claude-Ferdinand) ✳, né à Paris, élève de
Léon Cogniet. — Hors concours. — A Paris, rue d'Assas, 84.

918 — *Portrait de Sa Sainteté Pie IX, gravure*, H.
919 — *Portrait de Sa Sainteté Léon XIII, id.*, H.
920 — *Portrait de Monsieur le comte de Chambord, id.* H.

GEORGES-SAUVAGE (Auguste-Albert), né à Caen, élève de
MM. Gérôme et Lecomte-du-Nouy. — Médaille 3e classe Paris.
— A Paris, rue de Vaugirard, 152.

921 — *Portrait de M. l'abbé Gautier, chanoine de Nantes et
d'Aquin, eau-forte.* H.

Voir Peinture.

HAMEL (Victor), né à Fécamp (Seine-Inférieure), élève de
M. Paul Vasselin. — Médaille à Caen. — A Fécamp, rue J.-L.
Leclerc, 54.

922 — *La ferme de Criquebœuf, eau-forte*, H.

Voir Dessins.

HAMELIN (Gustave), né à Paris, élève de l'école des Beaux-
Arts de Caen. — A Argentan, 3, rue de l'Horloge.

923 — *Diplôme de membre de la Société scientifique Flammarion,
lithographié à la plume*, H.

LAMOTTE (Alphonse), né au Havre, élève de MM. Henriquel
et Dupont. — Hors Concours. — A Chaville (Seine-et-Oise).

924 — *L'Assomption, d'après Murillo, gravure au burin*, H.
925 — *Charlotte Corday, d'après Ch. Müller, id.*, H.
926 — *La source, d'après Munier ; Pêcheurs, d'après Léopold
Robert ; Mignon, d'après J. Lefebvre, trois gravures
au burin*, H.

LEFORT (HENRI), né à Paris, élève de MM. L. Flameng et C. Courty. — Médaille 3e classe à Paris. — A Paris, passage Stanislas, 17.

927 — *Diplôme pour les Expositions de Caen en 1883, eau-forte*, I.

928 — *Washington, gravure*, II.

929 — *Trois gravures, eaux-fortes*, II.

930 — *La noce juive, d'après Eugène Delacroix, eau-forte*, II.

LEFORT DES YLOUSES (ARTHUR-HENRI). — Médaille à l'Exposition universelle 1878. — A Paris, Neuilly, avenue de Madrid, 13.

931 — *Pêcheur granvillais, eau-forte*, II.

Voir Dessins.

LE REDDE.

932 — *Bords d'une rivière, eau-forte*, II.

MARTIN (ERNEST) — A Caen, passage Bellivet.

933 — *Diplôme de la Société de tir de Caen, lithographie*, II.

MASSÉ (PIERRE-AUGUSTIN), né à Blois. — A Paris, rue Madame, 67.

934 — *Dans la campagne, tableau de M. Lerolle, au musée du Luxembourg, gravure à l'eau-forte*, II.

MASSON (CHARLES-ÉTIENNE-NOEL), né à Paris, élève de M. Lalanne. — A Paris, 3, rue de la Féronnerie.

935 — *L'attente, id.*, II.

936 — *Paysages, sept eaux-fortes*, I.

MEERSMANN (FRANÇOIS DE), né à Bruxelles, élève de M. Calamatta. — Médaille à Bruxelles. — A Ixelles-Bruxelles, chaussée de Wavre, 218.

937 — *Œdipe et Antigone, d'après Stallaert, gravure*, II.

938 — *La Vierge parée par les anges, d'après De Crayer, gravure*, H.

Voir Dessins.

NICOLLE (ÉMILE-FRÉDÉRIC), né à Rouen, élève de M. E. Bérat.
— A Rouen, rue St-Nicaise, 86.

939 — *Les Clairettes, rue St-Hilaire, à Rouen, eau-forte*, H.
940 — *Rouen, rue générale, id.*

Extraites de l'album du Vieux-Rouen.

PERRODIN (JULES).

941 — *Gravures sur bois*, H.

PIXEL-MAISONNEUVE (GEORGES), né à Paris, élève de MM. G.
Boulanger et Jules Lefebvre. — A Avranches, boulevard du
Sud, 50.

942 — *Portrait de M. Lainé, eau-forte*, H.
943 — *L'artiste en voyage, eau-forte*, H.

Voir Peinture.

POTÉMONT (ADOLPHE-MARTIAL), né à Paris, élève de MM. Léon
Cogniet et Brissot. — Hors concours. — A Paris, rue St-
Georges, 50.

944 — *Le retour des Cancalaises, d'après Feyen-Perrin, eau-
forte*, H.
945 — *La merveilleuse, d'après Goupil, id.*, H.

ROBERT (CHARLES-JULES) ✳ , né à Chartres, élève de l'École
des Beaux-Arts. — A Paris, rue Dancourt, 4.

946 — *Portraits de F. Ponsard, Thiers, Th. Gautier, Barye,
Émile Augier, d'après Mouilleron, gravures sur bois*, H.
947 — *La charité et le courage militaire, d'après Paul Dubois;*

*portrait de Philippe Rousseau, d'après E. Dubuffe,
gravure sur bois*, H.

948 — *Les dernières cartouches, d'après A. de Neuville, dessin
de Lavée, id.*, H.

SEVRETTE.

949 — *Quatre paysages, eaux-fortes*, H.

Voir Dessins.

TAUXIER (ALPHONSE), né à Villers-Cotterets (Aisne), élève
de M. Jourdain. — A Paris, rue Corneille, 7.

950 — *Vase trouvé aux environs de St-Lo, gravure sur bois*, H.
951 — *Lettres ornées pour le volume de la grande Trappe, id.*, H.

TESNIÈRE (VICTOR-THÉOPHILE), né au Havre. — Médailles argent Caen 1861, Alençon 1863, St-Lo 1866; vermeil Isigny 1869,
Caen 1873 et 1875. — A Caen, rue Jean-Romain, 11.

952 — *La tour le Roy et l'abside St-Pierre en 1838, ancien
Caen, gravure à l'eau-forte*, H.
953 — *Deux paysages, eaux-fortes*, H.
954 — *Deux vues de Caen, id.*, H.

TEYSSONNIÈRES (M\u1d49 MATHILDE), élève de M. Teyssonnières
(Pierre). — A Paris, rue des Martyrs, 40.

955 — *Un vanneur, d'après Salvator Rosa, épreuve d'artiste,
eau-forte*, H.

TEYSSONNIÈRES (PIERRE), élève de M. Teyssonnières (François). — Mention honorable et médaille de 3ᵉ classe à Paris. —
A Paris, rue des Martyrs, 40.

956 — *Portrait de Pierre Corneille, d'après Lebrun, épreuve
d'artiste, eau-forte*, H.

VION (HENRI), né à Paris, élève de MM. Gérôme et Henri
  Lefort. — A Paris, cité Pigalle, 6 et 8,

957 — *Élisabeth de France, d'après Rubens, gravure,* II.

VOISIN (HENRI-LÉON), né à St-Mandé (Seine), élève de M. Gérôme. — A Vincennes, rue de la Prévoyance, 3.

958 — *Au Mont-St-Michel, six eaux-fortes,* II.
959 — *Au Mont-St-Michel, trois eaux-fortes,* II.

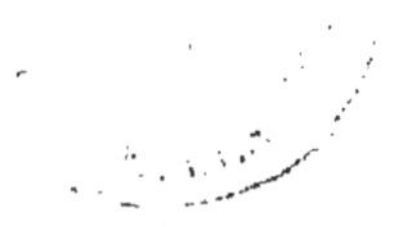

VII.

MONUMENTS PUBLICS.

LE DUC (Arthur-Jacques), né à Torigny-sur-Vire (Manche),
élève de l'École des Beaux-Arts de Caen, de Barye et de M. A.
Dumont. — Mention honorable et médaille 3e classe à Paris ;
médaille à Caen. — A Paris, rue d'Assas, 68.

960 — *Regrets, tombeau de M. l'abbé Desprez, proviseur du
Lycée de Caen, groupe, bronze et marbre*, I.
Destiné à la chapelle de la communauté du Bon-Sauveur, à Caen.

961 — *Centaure et Bacchante, groupe, bronze.*
Dans la cour d'honneur de l'hôtel-de-ville de Caen.
Voir Sculpture.

ADDENDA.

PEINTURE.

RENAULT DES GRAVIERS (VICTOR).
962 — *Le saute-mouton*, V.
963 — *Promenade sur l'eau*, V.

Voir Peinture, au n° 413.

SCULPTURE.

LÉPINE (ALEXANDRE DE), né à Senonches (Eure).
964 — *Haut-relief, stuc et plâtre*, II.

ERRATA.

Page 37, ligne 21. Au lieu de PELLICOT, lisez PELLECAT.

VILLE DE CAEN

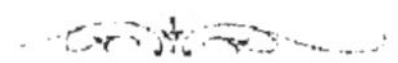

CONCOURS RÉGIONAL DE 1883

EXPOSITION DES BEAUX-ARTS

Procès-verbal du Jury des Récompenses

Le lundi 11 juin 1883, à huit heures et demie du matin, le jury des récompenses s'est réuni sous la présidence de M. Kaempfen, directeur des Beaux-Arts, assisté de M. Lafenestre, commissaire général des Expositions, inspecteur des Beaux-Arts, vice-président.

Les membres présents étaient :

MM. Delaplanche, artiste sculpteur; Feyen-Perrin, artiste peintre; Guillemet, artiste peintre; Lalanne, artiste peintre; Lansyer, artiste peintre; Lavieille, artiste peintre; Et. Leroux, artiste sculpteur; de Vuillefroy, artiste peintre.

M. Édouard Garnier, délégué de l'Administration des Beaux-Arts à l'Exposition rétrospective, a été nommé secrétaire.

M. Mériel, maire de la ville de Caen, a donné connaissance des récompenses mises par le Conseil municipal à la disposition du jury.

Ces récompenses consistent en :

Diplômes d'honneur 5, médailles d'or 7, médailles de vermeil grand module 10, médailles de vermeil petit module 10, médailles d'argent grand module 10, médailles d'argent petit module 10, médailles de bronze grand module 10, médailles de bronze petit module 20, auxquelles il convient d'ajouter :

Deux vases en porcelaine de Sèvres, offerts par M. le Ministre de l'Instruction publique et des Beaux-Arts, et qui constitueront les récompenses de l'ordre le plus élevé.

Deux médailles d'or, offertes par la Société des Beaux-Arts de Caen, et un nombre indéterminé de mentions honorables.

M. le Maire a ajouté que le nombre des récompenses ci-dessus indiquées pourrait être augmenté par le jury, dans la proportion des œuvres jugées dignes d'une faveur toute spéciale.

La première séance a été terminée à midi.

La seconde, commencée à deux heures, a pris fin à six heures et demie.

Le vote a donné les résultats suivants :

PRIX DU MINISTRE (VASES DE SÈVRES).

MM. GEORGES-SAUVAGE (A.-A.), artiste peintre, n° 200 du
    catalogue.
KRUG, artiste peintre, n° 242.

DIPLOMES D'HONNEUR.

MM. ÉDOUARD, artiste peintre, n°s 161-162.
    HERMANN-LÉON, artiste peintre, n° 233.
    LAPOSTOLET, artiste peintre, n° 252.
    RIVEY, artiste peintre, n° 414.
    JACQUIER, artiste sculpteur, directeur de l'École de
    sculpture de Caen, n°s 836, 837, 838.

MM. LE VÉEL, artiste sculpteur, n° 884.
LEFORT, artiste graveur, n° 928.

MEDAILLES D'OR.

MM. BINET, artiste peintre, n° 49.
DRAMARD (GEORGES DE), artiste peintre.
FAIVRE (MAXIME), artiste peintre, n° 166.
GIRARDET (JULES), artiste peintre, n° 208.
HELLOUIN, artiste peintre, n° 230.
MÉRY, artiste peintre, n° 352.
MINET, artiste peintre, n° 356.
DÉCORCHEMONT, artiste sculpteur, n° 818.
LE DUC, artiste sculpteur, n° 960.

MÉDAILLES DE VERMEIL GRAND MODULE.

MM. BAIL (FRANCK), artiste peintre, n° 20.
BAIL (J.-ANTOINE), artiste peintre, n° 21.
BELLÉE (LÉON DE), artiste peintre, n° 31.
BERTHÉLEMY (ÉMILE), artiste peintre, n° 41.
BERTHELON, artiste peintre, n° 46.
BOUGOURD, artiste peintre, n° 62.
FOUACE, artiste peintre, n° 183.
HUTIN, artiste peintre, n° 237.
VUAGNAT, artiste peintre, n° 471.
BASLY (DE), artiste sculpteur, n° 860.

MEDAILLES DE VERMEIL PETIT MODULE.

MM. BOISLECOMTE (DE), artiste peintre, n° 50.
DUBOURG, artiste peintre, n° 149.
FOULONGNE, artiste peintre, n° 185.
GIRARDET (EUGÈNE), artiste peintre, n° 207.

MM. LA ROCHENOIRE (DE), artiste peintre, n° 256.
LETOURNEAU, artiste peintre, n° 319.
RAME, artiste peintre, n° 396.
VALLOIS, artiste peintre, n° 456.
GUILLOUX, artiste sculpteur, n° 828.
LEGUEUT, artiste sculpteur, n° 856.

MÉDAILLE D'ARGENT GRAND MODULE.

M. DU PLESSIS (GEORGES), artiste peintre, n° 152.
Mlle COURAYE DU PARC (MARGUERITE), artiste peintre, n°s
105-106.
MM. LA TOUCHE (GASTON), artiste peintre, n° 261.
LÉANDRE, artiste peintre, n° 276.
LEFEBVRE, artiste peintre, n° 284.
LEGRAND, artiste peintre, n° 289.
PETIVILLE (DE), artiste peintre, n° 383.
SEVESTRE, artiste peintre, n° 439.
LEMAITRE, artiste sculpteur, n°s 858-859-860.
CONIN, architecte, n° 898.

MÉDAILLE D'ARGENT PETIT MODULE.

MM. BENASSIT, artiste peintre, n° 498.
BRIOUX (LIONEL), artiste peintre, n° 69.
Mlle DAWIS (GERMAINE), artiste peintre, n° 122.
MM. DUFEU, artiste peintre, n° 152.
FLEURY (ALBERT), artiste peintre, n° 174.
HADENGUE, artiste peintre, n° 225.
MATHON, artiste peintre, n° 351.
POIRIER, artiste peintre, n° 393.
VALETTE, artiste peintre, n° 455.
VANEL, artiste peintre, n° 458.

RAPPEL DE MÉDAILLES D'OR, DE VERMEIL ET D'ARGENT

OBTENUS AUX PRÉCÉDENTES EXPOSITIONS DE CAEN.

Mᵐᵉ DUBOS, médaille d'or, nº 146.

MM. LE CHEVALLIER, médaille de vermeil, nº 282.

LE MARIÉ DES LANDELLES, médaille de vermeil, nº 297.

TESNIÈRE, médaille de vermeil, nº 444.

BELLANGÉ, médaille d'argent, nº 29.

CHARPENTIER, médaille d'argent, nº 83.

MÉDAILLE DE BRONZE GRAND MODULE.

M. ANDRÉ (CHARLES), artiste peintre, nº 3.

Mᵐᵉ ANNALY, artiste peintre, nº 456.

M. GALERNE, artiste peintre, nº 101.

Mᵐᵉ GOUSSAINCOURT (DE), artiste peintre, nº 215.

M. MARTIN (ALFRED-LOUIS), nº 345.

Mᵐᵉ NICOLAS (MARIE), artiste peintre, nº 369.

M. SALLES (JULES), artiste peintre, nº 432.

Mᵐᵉ SALLES-WAGNER, artiste-peintre, nº 433.

MM. BRUNET, artiste sculpteur, nᵒˢ 806-807.

TOPPFER, artiste sculpteur, nº 808.

MÉDAILLES DE BRONZE PETIT MODULE.

MM. AUTEROCHE, artiste peintre, nº 15.

CARBONNIER, artiste peintre, nº 79.

CLÉMENT, artiste peintre, nᵒˢ 553-554.

COURAYE DU PARC, artiste peintre, nº 565.

Mlles DE COLLIGNY, artiste peintre, n° 562.
DEHAUSSY (HÉLÈNE), artiste peintre, n° 575.
MM. DORNOIS, artiste peintre, n° 194.
GUÉRARD (AMÉDÉE), artiste peintre, n° 218.
HOFFMANN, artiste peintre, n° 234.
LAPLANTE, artiste peintre, n° 251.
Mlle OLLENDON (D'), artiste peintre, n° 719.
MM. LENFANT, artiste peintre, n° 305.
LEROUX (ET.), artiste peintre, n° 683.
MORAND, artiste peintre, n° 358.
MULOT-DURIVAGE, artiste peintre, n° 362.
PINEL DE GRANDCHAMP, artiste peintre, n° 360.
Mlle PIAUD (SUZANNE), artiste peintre, n° 730.
MM. PEZANT, artiste peintre, n° 384.
ROULLET, artiste peintre, n° 421.
VELAY, artiste peintre, n° 776.
VERDIER, artiste peintre, n° 464.
VOS, artiste peintre, n° 476.
MASSON (NOEL', artiste graveur, n° 936.

MENTIONS HONORABLES.

M. BERTHÉLEMY (VALENTIN), artiste peintre, n° 44.
Mme DEHAUSSY (ADÈLE), artiste peintre, 573.
M. DENIS, artiste peintre, n° 128.
Mlles FORESTIER (ALICE DE), artiste peintre, n° 592.
GIBERT (JEANNE, artiste peintre, n° 203.
GIBERT (LOUISE), artiste peintre, n° 205.
HARDY, artiste peintre, n° 627.
MM. LAUMONIER (CHARLES), artiste peintre, n° 269.
LEVARD, artiste peintre, n° 691.
NAKKEN, artiste peintre, n° 363.
Mlle DELATTRE (THÉRÈSE), artiste sculpteur, n° 821.
Mme CLÉMENT, artiste sculpteur, n° 813.

MM. GAALON (Jacques de), artiste sculpteur, n° 823.
    LE BART, artiste sculpteur, n° 844.
    MADELEINE (Gabriel), artiste sculpteur, n° 867.
Mlle MADELEINE (Gabrielle), artiste sculpteur, n° 870.

Caen, le 11 juin 1883.

Le Président du Jury, directeur des Beaux-Arts,

KAEMPFEN.

Caen, Typ. F. Le Blanc-Hardel

EXPOSITION DE 1883

LOTERIE DES BEAUX-ARTS

Le produit des billets émis est destiné à l'achat d'œuvres exposées

PRIX DU BILLET : **1** FRANC